ZEIT WISSEN

DAS MACHT MICH AUS!

Eine Reise zu mir selbst in 15 Psychotests

riva

Bibliografische Information der Deutschen Nationalbibliothek
Die Deutsche Nationalbibliothek verzeichnet diese Publikation in der Deutschen Nationalbibliografie. Detaillierte bibliografische Daten sind im Internet über https://dnb.de abrufbar.

Für Fragen und Anregungen
info@m-vg.de

Wichtiger Hinweis
Ausschließlich zum Zweck der besseren Lesbarkeit wurde auf eine genderspezifische Schreibweise sowie eine Mehrfachbezeichnung verzichtet. Alle personenbezogenen Bezeichnungen sind somit geschlechtsneutral zu verstehen.

Originalausgabe
2. Auflage 2024

Türkenstraße 89
80799 München
Tel.: 089 651285-0

Umschlaggestaltung und Layout: Isabella Dorsch
Umschlagabbildung: Elin Svensson
Abbildungen Innenteil: shutterstock.com/Fox Design, johavel
Satz: Müjde Puzziferri, MP Medien, München
Druck: Florjancic Tisk d.o.o., Slowenien
Printed in the EU

ISBN Print 978-3-7423-2403-0

Inhalt

Vorwort

Der Test »Müssen Sie Ihr Leben ändern?« erschien in einer Zeitschrift, die auch international zu haben ist. Monate später erhielt ich einen Brief aus einer Kleinstadt in Texas. Eine Leserin, die vor Jahren aus Deutschland dorthin ausgewandert war, schrieb: »Liebe Frau Wlodarek, ich habe Ihren Test gemacht und bin Typ B. In der Auflösung haben Sie geschrieben ›Sie schaffen das!‹ Ich habe geweint, weil das noch nie jemand zu mir gesagt hat. Und daraufhin habe ich mir endlich meinen Traum erfüllt und hier ein kleines deutsches Restaurant aufgemacht. Vielen Dank!.« Raten Sie mal, wer da in Hamburg an seinem Schreibtisch saß und zu Tränen gerührt war.

Wunderbar, dass ein Psychotest so eine Wirkung haben kann. Dabei sprechen Kritiker Psychotests einen ernsthaften Effekt ab und halten sie für ähnlich informativ wie ein Horoskop. Das stimmt, sofern man sich Fragen nach eigenem Gutdünken ausdenkt, aber nicht, wenn sie auf einer wissenschaftlichen Basis entwickelt werden. Ich nutze Studien, Persönlichkeitsmodelle und Forschungsergebnisse hinsichtlich einer bestimmten Eigenschaft, z. B. Aggressivität, Ängstlichkeit oder Lebenszufriedenheit. Zwar entspricht das Resultat dann noch nicht den strengen Standards klassischer Tests – das wäre von Zeitaufwand und Kosten unmöglich –, ist aber durchaus aussagekräftig.

Dass ein Psychotest trotzdem nicht knochentrocken erscheint, liegt an der kreativen Verschlüsselung der Fragen mit realen und fiktiven Situationen. Außer einem Unterhaltungswert hat das diesen wichtigen Aspekt: Die Fragen dürfen nicht (zu) durchsichtig sein. Das wäre nicht nur langweilig, sondern würde auch das Ergebnis verfälschen. Dann wählen wir nämlich unbewusst diejenigen Antwortmöglichkeiten, die ein vorteilhaftes Bild von uns ergeben. Wovon keiner etwas hätte. Schließlich machen die meisten Menschen so gerne Psychotests, weil sie neugierig auf sich selbst sind, nach dem Motto »Wer bin ich und warum?«. Psychotests geben darauf gezielt Antwort, ohne großen Aufwand, fast spielerisch. Und die Auflösung enthält immer einen guten Rat. Für mich sind Psychotests das Trojanische Pferd, in dem sich wertvolle Erkenntnisse der Psychologie verstecken lassen, ein Extrakt aus Jahrzehnten Psychotherapie und Coaching.

Qualität ist also Gebot, aber Psychotests für *ZEIT WISSEN* sind darüber hinaus für mich etwas Besonderes und meine Highlights. Das liegt an der anspruchsvollen, inspirierenden Redaktion. Wenn sie ein Thema vorschlägt, ist das jedes Mal eine Herausforderung. Ich grüble dann, wie sich das optimal umsetzen lässt. Beim Thema »Kant, Sokrates oder Freud – wem ähnelt Ihr Denken am ehesten?« ging das sogar so weit, dass ich es kaum ohne Kenntnisse aus meinem Philosophiestudium geschafft hätte.

Dieses Best-of liegt jetzt in Ihren Händen. Dazu eine kleine Gebrauchsanweisung: Seien Sie ehrlich zu sich und machen Sie Ihr Kreuzchen, ohne allzu lange zu überlegen. Ich wünsche Ihnen, dass Sie dabei viele Aha-Erlebnisse haben und neue Erkenntnisse über sich gewinnen.

Und natürlich: Viel Vergnügen!

Ihre Eva Wlodarek

PERSÖNLICHKEIT UND EIGENWAHRNEHMUNG

Was ist mir wirklich wichtig?

Auf die Frage »Was ist Ihnen am wichtigsten?« antworten die meisten: eine liebevolle Beziehung, die Familie, gute Freunde, ein interessanter Beruf, Gesundheit, attraktives Aussehen, genügend Geld. Aber diese Kategorien sind vordergründig. Das, was wir besonders lieben, schätzen oder uns wünschen, unterliegt einer tieferen *Motivation* – dieses Wort, vom lateinischen *movere* für »bewegen« hergeleitet, weist bereits darauf hin, was für uns von Belang ist: nämlich das, was uns innerlich in Schwung bringt. Welche Priorität wir da setzen, hängt mit unserer Persönlichkeit zusammen. Für den einen ist zwischenmenschlicher Kontakt das größte Glück. Dem anderen bedeutet individuelle Freiheit viel, oder es ist ihm wichtig, einen höheren Sinn im Leben zu finden. Während allgemeine Bedürfnisse und Wünsche von der jeweiligen Lebensphase abhängen und entsprechend variieren, bleibt unser Hauptmotiv konstant und bestimmt wie eine Grundmelodie unsere Entscheidungen und unser Handeln.

Wer neugierig ist, nachzuforschen, was um ihn herum und in ihm selbst passiert, der findet in der Regel auch etwas, das ihm wichtig ist und das sich in der Gestalt eines persönlichen Ziels vom Strom der Bilder und Geschichten abhebt, mit denen uns die Bildschirmmedien so reichlich versorgen. Es kann ein Mensch sein, den Sie näher kennenlernen möchten, ein Thema, das Sie anspricht, eine Tätigkeit, in der Sie sich wiederfinden. Da sich aber nur im Tun erweist, ob sich Ihre Wünsche mit der Realität verbinden lassen, sollte klar sein: Durch Grübeln allein werden Sie Ihr Wichtiges nicht finden. Es ist also klug, alle Bedenken erst einmal beiseite zu schieben und einfach auszuprobieren, was Sie für wichtig erachten. In der Umsetzung wird sich erweisen, ob es wirklichkeitstauglich ist oder in eine Sackgasse führt. Denn wer zum Beispiel Autor werden will, aber sein Buchprojekt nach den ersten Seiten versanden lässt und ein neues Thema aufgreift, wird vermutlich nie herausfinden, ob er einen Text schreiben kann, der Hand und Fuß hat. Dranbleiben ist das Motto, wenn Sie wissen möchten, was Ihnen wichtig ist.

So sollte das Projekt, mit dem Sie sich aktuell beschäftigen, so lange wichtig bleiben, bis Sie es beurteilen können – auch wenn Sie sich dann entschließen, es aufzugeben. Nur was einigermaßen fertig ist, kann auch beurteilt werden und eine Entscheidung über die Frage ermöglichen: Weiter so? Oder ist mir das doch nicht wichtig genug?
Um vorab ein Gefühl für Ihre Prioritäten zu bekommen, beantworten Sie die folgenden Fragen:

- Ordnen Sie Beziehungen, Gesundheit, Geld, Aussehen, Freude nach ihrer Priorität. Beginnen Sie mit dem für Sie am wichtigsten.

- Nennen Sie außerdem drei weitere Dinge, die Ihnen im Leben wichtig sind.

- Welche beiden Werte sind Ihnen in zwischenmenschlichen Beziehungen am wichtigsten (Ehrlichkeit, Loyalität, Sicherheit, Vertrauen etc.)?

- Worauf arbeiten Sie in Ihrem Leben hin (z. B. glückliche Partnerschaft, sorgenfreies Leben, schönes Aussehen, finanzielle Unabhängigkeit etc.)?

Testen Sie nun, was für Sie von besonderer Bedeutung ist. Nur wenn Sie wissen, was Sie wirklich wollen, können Sie es sich auch auf vielfältige Weise holen.

KREUZEN SIE IMMER DIE ANTWORT AN, DIE AUF SIE AM EHESTEN ZUTRIFFT.

1. Die Firma, in der Sie angestellt sind, verlagert ihre Produktion nach China. Sie bekommen eine Abfindung – das war's. Sie ...

- erkennen, wie schnell sich alles ändern kann und überdenken Ihr Leben neu. B
- kümmern sich sofort darum, wie Sie das Geld am besten anlegen. E
- verbreiten in Ihrem Netzwerk, dass Sie einen neuen Job suchen. C
- tun endlich, was Sie schon immer tun wollten, und machen sich selbstständig. D
- sind optimistisch: Jemand mit Ihren Fähigkeiten wird immer gebraucht. A

2. Reden ist nicht immer Gold. Am meisten stört es Sie, wenn jemand ...

- das Blaue vom Himmel erzählt und man nie weiß, ob es stimmt. E
- tönt, was er alles Großartiges vorhat, aber nichts auf die Reihe kriegt. A
- vor allem Klatsch und Tratsch verbreitet. B
- keine eigene Meinung hat und anderen nach dem Mund redet. D
- nur von sich redet und sich nicht für sein Gegenüber interessiert. C

3. Welche Situation wäre Ihnen besonders peinlich?

- Sie leben vegetarisch und missionieren Ihre Freunde gern in puncto ethische Ernährung – und dann erwischt man Sie mit einer Currywurst. B
- Sie laden einen Kunden zum Essen ein. Als Sie bezahlen wollen, stellen Sie fest, dass Sie Ihr Portemonnaie zu Hause gelassen haben. E

- Sie haben sich bereit erklärt, auf dem Jubiläum Ihres Patenonkels eine Rede zu halten. Kurz vorher stellen Sie fest, dass Sie Ihr Manuskript vergessen haben. **A**
- Sie haben eine Bekannte, die Sie spontan besuchen wollte, mit der Ausrede abgewimmelt, Sie seien krank. Und dann treffen Sie sie am Abend an der Kinokasse. **D**
- Sie lästern auf dem Büroflur über eine Kollegin. Als Sie sich umdrehen, steht sie hinter Ihnen und sieht Sie entsetzt an. **C**

4. Welche negative Eigenschaft ist bei Ihnen am wenigsten ausgeprägt?

- Aufschieberitis **A**
- Intoleranz **D**
- Leichtsinn **E**
- Launenhaftigkeit **C**
- Oberflächlichkeit **B**

5. Welcher Spruch trifft Ihre Lebensphilosophie am besten?

- »Erfahrungen vererben sich nicht, jeder muss sie allein machen.« Kurt Tucholsky **D**
- »Liebe verschenkt, Egoismus leiht.« Friedrich von Schiller **C**
- »Tu das, was du fürchtest, und das Ende der Furcht ist gewiss.« Ralph Waldo Emerson **A**
- »Wie einfach wäre das Leben, wenn sich die unnötigen Sorgen von den echten unterscheiden ließen.« Karl Heinrich Waggerl **E**
- »Es ist besser, hohe Grundsätze zu haben, die man befolgt, als noch höhere, die man außer Acht lässt.« Albert Schweitzer **B**

6. Beim Kerzenausblasen zu Ihrem Geburtstag wünschen Sie sich, dass …

- Sie auch im nächsten Jahr gesund und munter in diesem Kreis feiern können. **C**
- Sie viel Neues erfahren und sich weiterentwickeln. **B**

- Sie endlich Zeit für das finden, was bisher zu kurz gekommen ist. **D**
- alles bleibt, wie es ist – oder noch ein bisschen besser wird. **E**
- Sie das erreichen, was Sie sich für das neue Lebensjahr vorgenommen haben. **A**

7. Die 16-jährige Tochter von Bekannten will als Au-pair nach Paris. Sie sagen:

- »Bist du dafür nicht noch ein bisschen zu jung?« **E**
- »Oh, Paris! Das ist eine fantastische Stadt!« **D**
- »Kannst du denn gut mit Kindern umgehen?« **C**
- »Super, da lernst du fließend Französisch.« **A**
- »Das wird sicher nicht einfach, aber du schaffst das bestimmt.« **B**

8. Ein kurzer Blick in die Zukunft. Mit 77 Jahren …

- gründen Sie mit einigen anderen fitten Senioren eine WG. **C**
- überlegen Sie, ob Sie eigentlich noch einmal eine Reise in ferne Länder machen möchten. **D**
- gehen Sie mit Ihren Enkeln auf Umweltschutz-Demos. **B**
- sitzen Sie entspannt in der Hollywoodschaukel und trinken ein Gläschen. **E**
- schreiben Sie Ihre Lebensgeschichte für die Nachkommen auf. **A**

9. Da kommt bei Ihnen Panik auf:

- Auf Ihrem Smartphone erscheinen plötzlich Bildstörungen. **A**
- Sie warten schon eine halbe Stunde auf Ihr Date und können es per Handy nicht erreichen. **C**
- Ihr Vorgesetzter bittet Sie, für ihn zu lügen. **B**
- Das Flugzeug macht plötzlich merkwürdige Geräusche. **E**
- Sie stecken im Aufzug eines Kaufhauses fest. **D**

10. **Angenommen, Sie besitzen dafür alle Voraussetzungen – welche Sportart möchten Sie ausüben?**

- Golf **E**
- Yoga **B**
- Surfen **D**
- Beachvolleyball **C**
- Tennis **A**

11. **In einem Job-Projekt übernehmen Sie am liebsten diese Aufgabe:**

- Sie planen die Termine und Kosten. **E**
- Sie schreiben die Dokumentation und die Berichte. **B**
- Sie stellen ein Team zusammen. **C**
- Sie stimmen die Projektziele ab. **A**
- Sie checken, wie es die Konkurrenz macht. **D**

12. **In einer Partnerschaft ist besonders wichtig, dass man …**

- viel gemeinsam unternimmt. **C**
- auch seine eigenen Interessen pflegt. **D**
- einander treu ist. **E**
- gemeinsame Ziele hat. **A**
- wertschätzend miteinander umgeht. **B**

13. **Endlich Urlaub. Am liebsten …**

- Sonnenscheingarantie auf Gran Canaria. **E**
- eine sündhaft teure Kreuzfahrt in die Karibik. **C**
- ein Sprachkurs in Cambridge. **A**
- Waldbaden in Österreich. **B**
- einen wochenlangen Segeltörn auf dem Mittelmeer. **D**

14. Gibt es einen roten Faden, der sich durch Ihr Leben zieht?

- Ich höre meist auf meine Intuition. **B**
- Ich gebe immer mein Bestes. **A**
- Ich muss nicht jedem gefallen. **D**
- Ich bin erst einmal zu jedem freundlich. **C**
- Ich gehe möglichst wenig Risiken ein. **E**

15. Einer Bekannten geht es nicht so gut, sie jammert Ihnen die Ohren voll. Sie sagen:

- »Komm, wir trinken jetzt einen Kaffee, dann sieht die Welt bestimmt anders aus.« **C**
- »Betrachte es doch mal positiv: In jeder Krise liegt auch eine Chance.« **B**
- »Du musst doch nicht alles allein bewältigen. Hol dir kompetente Unterstützung.« **E**
- »Das tut mir wahnsinnig leid. Ich würde dir ja gerne helfen, aber ich bin selbst gerade im Stress.« **D**
- »Jammern bringt doch nichts. Überleg lieber, wie du deine Situation verbessern kannst.« **A**

16. Die größte Mutprobe wäre für Sie, ...

- an einer Gruppenreise teilzunehmen. **D**
- bewusst Rechtschreibfehler in einer wichtigen geschäftlichen E-Mail zu machen. **A**
- ohne Hotelreservierung und ohne Handy einen Städtetrip zu unternehmen. **E**
- ein einwöchiger Aufenthalt im Schweigekloster. **C**
- einem Kollegen zu sagen, er solle doch bitte ein Deodorant benutzen. **B**

17. Schade, aber auch Sie werden irgendwann diese Welt verlassen. Was sagt man dann wohl auf der Trauerfeier über Sie?

- ... hatte ein großes Herz. **C**
- ... hat sich jeder Herausforderung mutig gestellt. **D**
- Auf ... war immer Verlass. **E**
- ... ist nun hoffentlich in einer besseren Welt. **B**
- ... zählte zu denen, die niemals aufgeben. **A**

18. Im Ranking der bewundernswerten Menschen stehen diese Prominenten ganz vorn. Wen bewundern Sie am meisten?

- Den Dalai Lama, geistliches Oberhaupt der Tibeter **B**
- Elisabeth II., Königin von England **E**
- Bill Gates, Microsoft-Gründer und Stifter **A**
- Malala Yousafzai, Frauenrechtlerin und Friedensnobelpreisträgerin aus Pakistan **D**
- Angelina Jolie, Schauspielerin und Mutter von sechs Kindern **C**

Testauswertung

Wenn Sie alle Fragen beantwortet haben, zählen Sie zusammen, wie oft Sie die Buchstaben A, B, C, D und E angekreuzt haben. Die Auflösung finden Sie unter dem Buchstaben, den Sie am häufigsten gewählt haben. Haben Sie mehrere Buchstaben gleich häufig angekreuzt, lesen Sie zunächst Auflösung F.

A DAS IST FÜR SIE DAS WICHTIGSTE: ERFOLG

Erfolg hat nicht nur mit beruflichen Aufgaben zu tun, sondern kann sich auch auf jedes andere Gebiet Ihres Lebens beziehen, etwa auf Hobbys, Sport oder Kindererziehung. Wohin auch immer Sie Ihre Aufmerksamkeit und Ihre Energie richten, es beherrscht Sie der Wunsch nach einem optimalen Ergebnis. Dahinter steckt zum einen Ihr gesunder Ehrgeiz, aber vor allem wollen Sie etwas bewirken. Ihnen liegt es nicht, die Hände schicksalsergeben in den Schoß zu legen. Sie möchten auf Ihre Umgebung Einfluss nehmen und, falls nötig, die Dinge verändern, die Ihnen nicht passen. Vielleicht hat es auch noch einen tieferen Grund, dass Erfolg für Sie so wichtig ist. Oft entsteht der Wunsch nach Macht und Einfluss aus einer Unsicherheit oder einem Mangel in frühen Jahren. Dann dient Erfolg der Kompensation. Doch inzwischen dürften Sie Ihre Vorzüge kennen und sich Ihrer Leistung bewusst sein. Dafür können Sie nun ganz zu Recht die Früchte einsammeln, sei es in Form von Wertschätzung, Anerkennung, Dankbarkeit oder Geld.

So haben Sie (noch) mehr Erfolg

Machen Sie sich Ihre Erfolge bewusst! Schreiben Sie alles auf, was Sie inzwischen gut können, gelernt oder erreicht haben – das können große, aber auch kleine Dinge sein. Lesen Sie diese gewiss lange Liste regelmäßig durch. Das stärkt Ihr Selbstvertrauen und wird Sie zu weiteren Erfolgen motivieren.

Weisen Sie auf Ihre Leistung hin! Im Job ist das ohnehin angebracht, aber auch auf anderen Gebieten – etwa im Ehrenamt oder im Freundeskreis – sollten Sie nicht zu bescheiden auftreten. Informieren Sie sachlich darüber, was Sie eingesetzt haben, um ein bestimmtes Ziel zu erreichen.

Seien Sie geduldig! Wem Erfolg wichtig ist, der verfügt meist auch über einen starken Willen. Damit verbunden sind oft Ungeduld und Dominanz. Vergessen Sie nicht, dass Sie mit Freundlichkeit mehr erreichen können, als mit Druck.

B DAS IST FÜR SIE DAS WICHTIGSTE: SINN

Für Sie ist vor allem entscheidend, dass das, was Sie tun, eine Bedeutung hat. Und sinnvoll erscheint in Ihren Augen vor allem, was anderen nutzt. Sie sehen es als besondere Aufgabe an, Ihre Umgebung mit Ihren Fähigkeiten und nach Ihren Möglichkeiten zu unterstützen. Das kann die Teilnahme an einer Bürgerinitiative sein, die Hühnersuppe für eine vergrippte Freundin oder ganz praktisch eine saubere Trennung des Haushaltsmülls. An Ihrem Platz möchten Sie mit dafür sorgen, dass die Welt ein besserer Ort ist. Werte wie Loyalität, Respekt und Verlässlichkeit spielen dabei eine große Rolle.

Als wertvoll empfinden Sie auch, was Sie in Ihrer persönlichen Entwicklung weiterbringt. Sie stellen nämlich hohe Ansprüche an sich selbst, nach dem Motto: Wer nicht versucht, besser zu werden, hört auf, gut zu sein. Von daher befassen Sie sich wahrscheinlich intensiv mit Psychologie oder Philosophie, um Anregungen für Ihre persönliche Entwicklung zu bekommen.

Ihr inneres und äußeres Engagement gibt Ihnen eine tiefe Befriedigung. Zu wissen, dass Sie nicht umsonst auf dieser Welt sind, macht Sie glücklich.

So genießen Sie die Sinnhaftigkeit

Fragen Sie sich: Was habe ich davon? Das ist in Ihrem Fall keineswegs egoistisch. Es hilft Ihnen, nicht automatisch nur das für sinnvoll zu halten, was anderen nutzt. Genauso wichtig ist, dass Sie selbst einen Gewinn von dem haben, was Sie tun – etwa einen Zugewinn an Wissen, mehr Freude oder Selbsterkenntnis.

Bleiben Sie locker! Eine sinnvolle Tätigkeit lebt vom Kontrast. Sie entwickeln mehr Energie für die wichtigen Dinge, wenn Sie zwischendurch auch mal etwas ganz ohne besondere Absicht und tieferen Sinn tun.

Folgen Sie Ihrer Intuition! Ihr Gefühl ist Ihr bester Wegweiser. Wenn Sie sich leer oder frustriert fühlen, sollten bei Ihnen die Alarmglocken schrillen. Dann handelt es sich nämlich vermutlich um eine Tätigkeit oder Begegnung, die Ihnen nur eine äußerliche Belohnung verspricht.

C DAS IST FÜR SIE DAS WICHTIGSTE: BINDUNG

Das Wichtigste in Ihrem Leben ist die Beziehung zu anderen Menschen. Bestimmt haben Sie es schon gespürt: Geld und Karriere sind ja gut und schön, aber sie wärmen Sie nicht wirklich. Eine liebevolle Umarmung, ein gutes Gespräch oder hilfreiche Unterstützung sind für Sie oft wertvoller. Das zeigt sich besonders in kritischen Situationen. Für Sie hat die Liebe einen hohen Stellenwert, aber auch die enge Verbindung zu Freunden und gute Beziehungen zu Kollegen oder Nachbarn. So richtig glücklich fühlen Sie sich erst, wenn Sie geliebt und akzeptiert werden. Dafür tun Sie vermutlich schon eine Menge: Sie hören sich zum x-ten Mal das Drama einer Freundin an oder organisieren mal wieder ein Nachbarschaftsfest.

Weiter so! Indem Sie für andere aufgeschlossen sind, werden Sie immer wieder überraschende, beglückende Begegnungen erleben. Allerdings ist Ihr intensiver Wunsch nach Liebe und Geborgenheit nicht ungefährlich. Er verführt dazu, sich zu sehr anzupassen oder zu vertrauensselig zu sein.

So pflegen Sie Beziehungen

Suchen Sie sich Ihre Freunde sorgfältig aus! Echte Freunde unterstützen Sie und Ihre Pläne. Natürlich nicht kritiklos, auch ehrliche Meinungen und Ratschläge gehören dazu. Insgesamt bringen sie Sie weiter. Aber trennen Sie sich von Pessimisten, Nörglern und Neidern.

Halten Sie Geben und Nehmen im Gleichgewicht! Ihr gutes Herz bringt Sie dazu, sich für andere mächtig ins Zeug zu legen. In Ordnung, wenn das auf Gegenseitigkeit beruht. Aber schauen Sie genau hin, wann die Waagschale zu Ihren Ungunsten kippt. Machen Sie dann den Mund auf und fordern Sie Gegenleistungen ein.

Bewahren Sie Distanz! Bei einem Glas Wein nach Feierabend den Kollegen Ihre größten Schwächen anzuvertrauen, ist Leichtsinn. Halten Sie bei aller Verbindlichkeit Abstand. Das schützt Sie vor Klatsch und unfairen Angriffen.

D DAS IST FÜR SIE DAS WICHTIGSTE: FREIHEIT

Ihr Wunsch nach Freiheit ist ein besonderes Merkmal Ihrer Persönlichkeit. Sie brauchen Freiraum, um glücklich zu sein, und möchten selbst bestimmen – über sich, Ihre Arbeit, Ihre Zeit. Das bedeutet nicht, dass Sie das auch immer ausleben können. Schließlich müssen Sie sich den Umständen anpassen, vor allem wenn Sie Familie haben oder im Beruf vorwärtskommen wollen. Doch Sie versuchen immerhin, die Erfüllung Ihrer Bedürfnisse nicht ausschließlich von anderen abhängig zu machen. Ihnen geht es darum, dass Sie in jedem Bereich Ihres Lebens konkret Ihre Grenzen erweitern. Über den Tellerrand schauen, Neues ausprobieren, auch mal etwas wagen – das gibt Ihnen das Funkeln in den Augen und ein Kribbeln im Bauch. Dann fühlen Sie sich lebendig. Das Gegenteil sind Routinen, Einschränkungen, zu enge Beziehungen. Wenn sich davon zu viel in Ihrem Leben findet, träumen Sie vom Ausbruch: nur mit Zahnbürste und Kreditkarte auf Weltreise gehen oder das Hobby zum Beruf machen. Sie wissen schon, dass das (vermutlich) unrealistisch ist, aber zumindest mehr Selbstständigkeit in Job und Partnerschaft müssten doch drin sein.

So bekommen Sie (noch) mehr Freiheit

Gönnen Sie sich kleine Auszeiten! Zeit, die Sie sich nicht nehmen, werden Sie nie haben. Weil garantiert immer etwas anderes dringlicher ist. Tragen Sie deshalb das, was Sie für sich tun möchten, in Ihren Kalender ein und behandeln es wie einen wichtigen, unaufschiebbaren Termin.

Lösen Sie sich von unnötigen Einschränkungen! Mal ehrlich, vieles erhalten Sie nur deshalb aufrecht, weil Sie sich vor Ablehnung fürchten. Etwa das Engagement im Elternbeirat, das Treffen mit den Kollegen nach Feierabend oder das regelmäßige Sonntagsessen bei den Schwiegereltern. Wenn Sie so etwas mutig aufgeben, haben Sie mehr Zeit und Energie für das, was Ihnen wirklich Spaß macht.

Bleiben Sie konsequent! Sie müssen damit rechnen, dass Ihre neue Freiheit nicht jedem passt. Lassen Sie sich nicht verunsichern, bleiben Sie drei Wochen konsequent – Forscher wissen: Das ist der Zeitraum, um sich selbst und andere umzutrainieren.

E FÜR SIE IST DAS WICHTIGSTE: SICHERHEIT

Sicherheit ist ein starker Antrieb in Ihrem Leben. Das bedeutet nicht, dass Sie bis zur Pensionierung in einer Firma bleiben oder bis zum bitteren Ende an einer lieblosen Partnerschaft festhalten. Aber Ihr beständiger Charakter verlangt nach festen Koordinaten, sowohl im Beruf als auch im Privatleben.

Sie möchten wissen, woran Sie sind und womit Sie rechnen können. Es verunsichert Sie, wenn Sie die Folgen einer Entscheidung nicht wenigstens teilweise überschauen können. Dabei gehen Sie ungern Risiken ein. Das Konto überziehen, ein Wohnungstausch mit Unbekannten, ein Start-up gründen – so etwas beunruhigt Sie eher. Unsicherheit wirkt sich auch auf Ihren Körper aus. Sie werden nervös und schlafen schlecht. Deshalb vermeiden Sie möglichst Aufregungen und planen sorgfältig. Vorausschau ist nicht umsonst Ihre große Stärke. Auf diese Weise ersparen Sie sich viel Stress. Aber es besteht auch die Gefahr, dass Ihr Leben langweilig wird.

So wird Sicherheit für Sie reizvoller

Berücksichtigen Sie auch andere Aspekte! Schauen Sie bei Entscheidungen nicht nur auf den Sicherheitsaspekt. Fragen Sie sich auch: Macht mir diese

Arbeit Freude? Inspiriert mich diese Freundschaft? Werde ich mit diesem Menschen glücklich?

Gehen Sie über Ihre Komfortzone hinaus! Ein bisschen Risiko ist das Salz in der Suppe. Auch kleine Veränderungen sind mit Unbehagen oder ein wenig Angst verbunden. Tun Sie es trotzdem. Es wird Sie beleben.

Erweitern Sie Ihre Sicht! Das Bedürfnis nach Sicherheit führt oft zu einem Tunnelblick. Wenn es um wichtige Entscheidungen geht, ist es nützlich, sich noch andere Meinungen einzuholen. Beraten Sie sich mit Freunden, oder buchen Sie einen Coach.

F IHNEN IST VIELES WICHTIG

Ihnen sind verschiedene Bedürfnisse gleich wichtig. Im Prinzip ist das vorteilhaft, denn auf diese Weise werden Sie in Ihren Zielen und in Ihrem Handeln nicht so schnell einseitig. Oft lassen sich mehrere Schwerpunkte miteinander verbinden. Wenn für Sie etwa Erfolg und Sinn den gleichen Stellenwert haben, dann sind Sie zum Beispiel bei einer anspruchsvollen sozialen Aufgabe goldrichtig. Mehrere wichtige Bedürfnisse können aber zu inneren Konflikten führen. Überlegen Sie in dem Fall: Die Befriedigung welchen Bedürfnisses ist in dieser Situation für mich ganz unverzichtbar? Darauf sollten Sie dann Ihre Aufmerksamkeit richten.

Für Ihren weiteren Weg

Nachdem Sie nun Ihre Grundmelodie kennen und wissen, was Ihnen wirklich wichtig ist, können Sie es sich auf vielfältige Weise holen. Sie sollten sich also Ihren Schwerpunkt stets vor Augen halten und diesen als Grundlage für Ihr Tun und Handeln, für Ihre Entscheidungen und Ihre Ziele heranziehen, sodass Sie langfristig Ihre Wünsche und Bedürfnisse erfüllen können. Abschließend soll Ihnen die nachfolgende Reflexion einen kleinen Einblick geben, was es heißt, auf der Basis Ihrer Grundmelodie zu agieren. Versuchen Sie also anhand Ihres Schwerpunktes, die nachfolgenden Sätze zu beenden.

Ich wünsche mir, dass ...
In fünf Jahren möchte ich ...
Wenn es mir schlecht geht, ...
Auf keinen Fall will ich, dass ...
Ich brauche mehr Zeit für ...
Ich möchte weniger Zeit damit verbringen, ...
Wenn mir etwas gelungen ist, ...
Wenn ich Mist gebaut habe, ...
Das hat mich zuletzt gestört ...
Das hat mich zuletzt sehr gefreut ...
Das kann ich in Zukunft besser machen, um meinen Schwerpunkt zu verfestigen ...

Was ist meine dunkle Seite?

Böses und Gutes – wir tragen beides in uns. Jeder Mensch hat seine dunkle Seite. Nach C. G. Jung spricht man auch vom Schatten. Er enthält die sozial unerwünschten Züge einer Persönlichkeit. Das sind zum einen allgemein als negativ empfundene Gefühle wie Wut, Neid, Gier, Eifersucht oder Schadenfreude. Aber auch individuelle Verhaltensweisen und Einstellungen gehören dazu. Sie kommen vor allem dann zum Vorschein, wenn wir etwas unbedingt haben und erreichen wollen; das können materielle Dinge sein, aber auch Liebe, Anerkennung oder Erfolg. Unter diesem Druck setzt man dann etwa unfeine Mittel ein, reagiert nachtragend oder egoistisch. Kein Wunder, dass wir uns bemühen, solche unschönen Seiten vor anderen zu verbergen.

Wir finden Ausreden und Entschuldigungen oder tun so, als wären wir gar nicht wütend, eifersüchtig oder schadenfroh. Als wären wir in Wirklichkeit ganz anders. Oft kaschieren wir unsere negativen Gefühle sogar so gut, dass sie uns selbst nicht einmal mehr bewusst sind. Es ist aber sinnvoll, unsere dunkle Seite genauer kennenzulernen. Das gibt uns die Möglichkeit, etwas zu ändern. Denn sie enthält eine Menge Energie, die sich positiv nutzen lässt, sobald wir sie erst einmal ins Licht unseres Bewusstseins geholt und als Teil unserer Persönlichkeit akzeptiert haben.

Damit Sie vorab schon ein Gefühl für Ihre dunkle Seite bekommen, reflektieren Sie sich zunächst selbst mit folgenden Fragen:

- Auf wen und warum waren Sie zuletzt eifersüchtig/neidisch?
- Wann und von wem fühlten Sie sich zuletzt gekränkt?
- In welcher Situation und auf welche Person waren Sie zuletzt wütend?
- In welcher Situation haben Sie zuletzt eine Lüge verwendet, um selbst besser dazustehen?

Testen Sie nun, wie Ihre dunkle Seite aussieht und was das für Sie bedeutet.

KREUZEN SIE IMMER DIE ANTWORT AN, DIE AUF SIE AM EHESTEN ZUTRIFFT.

1. **Sie leiten die Personalabteilung einer Firma. Wie es der Zufall will, bewirbt sich bei Ihnen eine ehemalige Kollegin, die Ihnen ihrerzeit das Leben schwer gemacht hat. Sie …**

- sagen süffisant: »So sieht man sich wieder«, und weiden sich an ihrer Unsicherheit. **B**
- lächeln freundlich, zeigen sich verständnisvoll – und machen hinterher den Vermerk »ungeeignet«. **A**
- lassen durchblicken, dass Sie das damals gar nicht gut fanden und jetzt eine Entschuldigung erwarten. **D**
- machen sie genüsslich Punkt für Punkt auf sämtliche Lücken und Mängel in ihren Bewerbungsunterlagen aufmerksam. **C**

2. **Im TV-Krimi wird das Topmodel Ginger tot aufgefunden. Kommissar Vitello verhört vier Frauen, die ein Mordmotiv hätten. Welche Reaktion der Verdächtigen können Sie am besten nachvollziehen?**

- Mia wird weiß wie die Wand. »Es ist infam, dass Sie ausgerechnet mich verdächtigen. Wer mich kennt, weiß, dass ich so was nie im Leben tun würde.« **B**
- Elena stützt sich auf den Tresen, sodass Kommissar Vitello ganz zufällig ihr makelloses Dekolleté bewundern kann. »Ich bin unschuldig«, versichert sie. **A**
- Carine starrt den Kommissar fassungslos an: »Ginger ist tot?« Tränen treten ihr in die Augen. »Ginger hat mir zwar meinen Freund ausgespannt, aber das hat sie nun wirklich nicht verdient.« **D**
- Carola sagt wütend: »Was habe ich denn mit dem Mord an Ginger zu tun? Und überhaupt, welche Berechtigung haben Sie eigentlich, mich zu befragen? Ihre Dienstmarke bitte.« **C**

3. Welche kleine Gemeinheit würden Sie am ehesten begehen?

- Äußerst liebenswürdig zu jemandem sein, den Sie in Wirklichkeit nicht ausstehen können. **D**
- Auf einer Party intensiv mit der attraktiven Begleitung eines anderen Gastes flirten. **C**
- Die Hilfe anderer herunterspielen, um alle Lorbeeren zu ernten. **A**
- Eine Lüge auftischen, um vor jemandem besser dazustehen. **B**

4. Das merkt doch keiner! Am ehesten ...

- graben Sie im Park einen besonderen Rosenstock für Ihren Garten aus. **D**
- verursachen Sie einen kleinen Schaden an einem Gegenstand, um ihn billiger zu bekommen. **C**
- schreiben Sie einem unsympathischen Mitmenschen anonym einen fiesen Kommentar auf seine Facebook-Seite. **B**
- schnüffeln Sie im versteckten Tagebuch Ihrer Teenager-Tochter. **A**

5. Ein bisschen hinterhältig sind wir alle, oder? Welche unschöne Tat im Job würde wohl am besten zu Ihnen passen?

- Von einer Geschäftsreise bringen Sie Ihrem Chef etwas Besonderes für sein Hobby mit – natürlich mit Hintergedanken. **D**
- Sie blättern heimlich in Projektunterlagen Ihrer Kollegen und holen sich dort ein paar »Inspirationen«. **A**
- Sie gaukeln dem Buchhalter Ihrer Firma persönliche Sympathie vor, um zu erfahren, was denn die anderen so verdienen. **C**
- Bei Vorgesetzten lassen Sie durchblicken, dass das Privatleben Ihres Konkurrenten in der Firma das reinste Chaos ist. **B**

6. Bis heute gibt es die unwiderlegte Anschuldigung, Mark Zuckerberg habe die Idee für Facebook seinen Studienkollegen Cameron und Tyler Winklevoss gestohlen. Was meinen Sie dazu?

- Da kann er noch so erfolgreich sein, dieser Makel wird für immer an ihm haften. **D**

- Die Brüder Winklevoss hätten sich halt rechtzeitig viel intensiver dagegen wehren müssen. **C**
- Nicht schön. Aber seine Milliarden hat er schließlich durch eigenen Einsatz verdient. **A**
- Ganz schlechtes Karma. Irgendwann wird er noch mal richtig in Schwierigkeiten kommen. **B**

7. **Sie haben sich knochenhart hochgearbeitet und sind stolz auf Ihre Position. Da stellt Ihnen Ihr Chef ohne sachlichen Grund Herr Dr. Tausendschön zur Seite, frisch von einer Elite-Uni, aus reichem Hause. »Sie beide sind sicher ein gutes Team«, meint er. Bei Ihnen kommt Hass auf. Wie gehen Sie mit Ihrem neuen Kollegen um?**

- Sie verbünden sich mit Ihren Kollegen. Es sollen ja schon Leute freiwillig wieder gegangen sein. **A**
- Sie bemühen sich, mit ihm eine Art Freundschaft zu schließen, um ihn auf diese Weise außer Gefecht zu setzen. **D**
- Sie enthalten ihm ein paar Informationen vor, damit er sich in der Konferenz blamiert. **B**
- Sie drehen fachlich voll auf und beweisen Ihre Unentbehrlichkeit. **C**

8. **Natürlich haben Sie auch eine Schokoladenseite. Welche zwei Eigenschaften zeichnen Sie besonders aus?**

- Mutig **A**
- Taktvoll **D**
- Zuverlässig **B**
- Sensibel **D**
- Spontan **C**
- Durchsetzungsfähig **A**
- Verbindlich **C**
- Fair **B**

9. **Welchen Spruch über das Böse finden Sie besonders gut?**

- »Wer nichts Böses tut, hat damit noch nichts Gutes getan.« Karl Heinrich Waggerl D
- »Auf böse Menschen ist Verlass. Sie ändern sich wenigstens nicht.« William Faulkner A
- »Das Böse, das der Mensch tut, fällt wieder auf ihn zurück.« Jean-Jacques Rousseau B
- »Das Gute – dieser Satz steht fest – ist stets das Böse, das man lässt.« Wilhelm Busch C

10. **Das Hotel ist überbucht. Nach einer langen Fahrt stehen Sie mit einem Paar an der Rezeption, das ebenfalls Anspruch auf ein Zimmer erhebt. Sie …**

- werden laut und machen einen Riesenwirbel, sodass man Ihnen entnervt ein Zimmer gibt, um Sie zu beruhigen. C
- sind todmüde und haben keine Lust auf eine stressige Auseinandersetzung. Sie lassen sich anderswo unterbringen. Morgen wird man weitersehen. D
- drohen, im Internet eine ganz schlechte Bewertung für das Hotel zu verfassen und notfalls die Presse zu informieren, falls man Ihnen nicht umgehend ein Zimmer gibt. B
- stecken dem Herrn an der Rezeption unbemerkt einen Schein zu. Der regelt das dann schon in Ihrem Sinne. A

11. **Ihre große Liebe hat Sie sehr unschön verlassen. Rache ist süß! Sie …**

- drohen mit Selbstmord und machen ihr ein fürchterlich schlechtes Gewissen. D
- klären den gemeinsamen Bekanntenkreis über ihre verborgenen Schwächen auf. C
- zeigen sie anonym bei der Steuer an – und das wird teuer. A
- tun alles, um erfolgreicher und attraktiver zu werden. Sie wird noch bereuen, dass sie Sie verlassen hat. B

12. **Im Geschäft unterhält sich das Verkaufspersonal angeregt miteinander und ignoriert Sie. Sie …**

- unterbrechen das Gespräch und sagen, was Sie wollen. **C**
- warten kurz, dann verlassen Sie den Laden mit einem knappen Gruß. **D**
- sagen ironisch: »Wenn Sie Ihren kleinen Plausch beendet haben, würden Sie mir dann freundlicherweise helfen?« **B**
- schicken der Geschäftsleitung anschließend eine Mail mit dem Hinweis, das Personal besser zu schulen. **A**

13. **Sie sitzen in der Jury einer Castingshow. Die Kandidatin, die gerade auftritt, ist völlig talentfrei. Ihr Kommentar:**

- »Liebchen, das hier ist eine Talentshow.« **B**
- »Ich gratuliere dir zu dem Mut, dich hier hinzustellen.« **C**
- »Vielen Dank. Dann üb mal fleißig bis zum übernächsten Jahr.« **D**
- »Du bist weiter … auf dem Weg nach Hause.« **A**

14. **Ihr liebster Tagtraum:**

- Mit Ihrem profunden Wissen entlarven Sie einen überheblichen Typen als ignoranten Schwätzer. **A**
- Als mal wieder jemand etwas von Ihnen will, sagen Sie schlicht und einfach »Nein«. Ohne das geringste Schuldgefühl. **D**
- Jemand, der es verdient hat – Sie wissen schon, wer! –, macht einen Riesenfehler. **B**
- Sie übertrumpfen einen Angeber lässig mit dem, was Sie zu bieten haben. **C**

15. **Zeit für eine kleine Beichte. Was könnte am ehesten auf Ihrem Sündenzettel stehen?**

- Sie haben über jemanden schlecht geredet, wohl wissend, dass das seinem Ansehen schadet. **A**
- Sie haben etwas in den Müll geworfen, was Ihnen jemand liebevoll gebastelt hat. **D**

- Sie haben die Beherrschung verloren und jemanden angeschrien. **C**
- Sie haben sich bei einem alten Freund nie mehr gemeldet, obwohl Sie es versprochen haben. **B**

16. Die dunkle Seite der anderen: Welche verurteilen Sie am meisten?

- Der amerikanische Finanzberater Bernie Madoff hat mit seinem Schneeballsystem das Geld von Tausenden Menschen veruntreut. **C**
- Der deutsche Physiker Jan Hendrik galt als nächster möglicher Nobelpreisträger – bis man feststellte, dass er die Daten seiner Untersuchungen manipuliert hatte. **A**
- Der US-Anwalt Michael Cohen hat im Wahlkampf für Donald Trump Schweigegelder an Frauen gezahlt, mit denen dieser eine Affäre hatte. **B**
- Der selbst ernannte indische Guru Asaram hat unter dem Deckmantel der Religiosität Anhängerinnen missbraucht. **D**

17. Mafia-Boss Lucky Luciano sucht einen Mitarbeiter für seine Kasinos in Las Vegas. Wen soll er nehmen?

- Frank ist selten aus der Ruhe zu bringen. Aber wenn jemand gegen die Interessen der Firma handelt, reagiert er scharf. **C**
- Sandy ist der Mann mit dem Supergedächtnis. Auch nach Jahren erkennt er das Gesicht eines Schnüfflers oder Betrügers wieder. **B**
- Gino ist diplomatisch und kann gut mit Personal und Spielern umgehen. Damit vermeidet er viel unnötigen Ärger. **D**
- Alfredo gibt sich als braver Bürger. Niemand ahnt etwas von seinem Doppelleben als gefährlicher Mafioso. So kann er undercover frei agieren. **A**

18. Welche dieser Situationen regt Sie am meisten auf?

- Sie wollen im Lokal bestellen, aber der Kellner übersieht Sie ständig. **A**
- In einem Streit mit anderen hält eine Freundin nicht zu Ihnen. **B**
- Ihr Partner wirft Ihnen zu Unrecht ein Versäumnis vor. **D**
- Jemand schnappt Ihnen in einem Kaufhaus rücksichtslos das letzte begehrte Teil weg. **C**

Testauswertung

Zählen Sie zusammen, wie oft Sie die Buchstaben A, B, C und D angekreuzt haben. Die Auflösung finden Sie unter dem Buchstaben, den Sie am häufigsten gewählt haben. Haben Sie mehrere Buchstaben gleich häufig angekreuzt, lesen Sie zunächst Auflösung E.

A IHRE DUNKLE SEITE: HEIMLICH GEWINNEN

Sie sind charmant und freundlich und damit äußerst geschickt darin, ohne großes Aufsehen die eigenen Interessen und Vorstellungen durchzusetzen. Ein Charakterzug, der im Prinzip ja auch in Ordnung ist. Dunkel daran ist allerdings Ihr heimliches Motto: »Der Zweck heiligt die Mittel«. Der Staatsphilosoph Niccolò Machiavelli (geboren 1469 in Florenz), ein Meister manipulativer Taktik, hätte seine helle Freude an Ihnen. Überprüfen Sie doch einmal, wie oft Sie in der letzten Zeit hier mal gezielt gelästert und dort mal eine kleine Information zurückgehalten haben. Oder wo Sie Ihr Netzwerk bemüht haben, um jemanden auszustechen. Sie bleiben gern im Hintergrund und ziehen die Fäden. Und Ihre Umgebung wundert sich, wie plötzlich manche Dinge zu Ihren Gunsten zustande kommen. Fragt sich nur, warum Sie so gern im Verborgenen agieren. Die Ursachen können durchaus weit zurückliegen. Vielleicht haben Sie schon früh die Erfahrung gemacht, dass es nichts bringt, sich offen durchzusetzen. Weil die Großen doch immer stärker sind. Oder Sie fürchten sich vor einem Scheitern in aller Öffentlichkeit. Also setzen Sie Ihre Intelligenz ein, um auf indirektem Weg Ihr Ziel zu erreichen.

- **Gewinn:** Sie haben Einfluss, ohne sich zu weit aus dem Fenster zu lehnen. Wenn es zum Offenbarungseid kommt, können Sie immer noch Ihre Hände in Unschuld waschen: »Da bin ich falsch verstanden worden.« Oder: »Das habe ich so nie gesagt.«

- **Gefahr:** Auf die Dauer schaden Sie sich mit Ihren verdeckten Aktionen selbst. Über kurz oder lang kommt Ihr Beitrag zum Status quo ja doch heraus, und dann verlieren Sie an Vertrauen.

- **Rat:** Geschickt zu manipulieren ist durchaus eine Fähigkeit. Nutzen Sie sie positiv und verwandeln Sie Ihre dunkle Seite in kluge Diplomatie. Dann können Sie es angstfrei riskieren, offen zu sagen, was Sie möchten oder was Ihnen nicht passt. Es wird Ihnen dann auch niemand übelnehmen.

B IHRE DUNKLE SEITE: NIEMALS VERZEIHEN

Normalerweise zeigen Sie Ihre helle Seite. Sie sind unkompliziert im Umgang. Im Job verhalten Sie sich kollegial und im Privatleben stehen Werte wie Freundschaft und Loyalität für Sie hoch im Kurs. Klingt alles gut, nicht wahr? Aber Vorsicht, jetzt kommt die dunkle Seite: Sie können sehr böse werden, wenn man Sie kränkt. Wer Sie hintergeht, Ihre Kompetenz anzweifelt, Sie ausnutzt oder herablassend behandelt, wird es bitter bereuen. Ab sofort ziehen Sie sich innerlich und – wenn möglich – auch äußerlich zurück. Von Ihnen darf dieser Mensch nichts mehr erwarten, weder Zeit noch Verständnis oder Unterstützung. Diejenigen sind meist ahnungslos und fragen sich, was sie denn getan haben, um es sich mit Ihnen zu verscherzen. Doch das werden sie nie erfahren. Aus ist aus. Möglicherweise reagieren Sie auch nicht unmittelbar, aber Sie vergessen keineswegs. Sie warten in Ruhe ab, bis Ihre Zeit kommt. Nach dem Motto »Man begegnet sich im Leben immer zweimal« zeigen Sie auch noch nach Jahren, dass man Sie keinesfalls unterschätzen darf.

- **Gewinn:** Sie sorgen für Ihr inneres Gleichgewicht, so wie die englische Redewendung sagt: »Tit for tat«, im Deutschen »Wie du mir, so ich dir«. Außerdem ist Rache süß und schmeckt auch kalt.

- **Gefahr:** Sie hängen alten Verletzungen zu lange nach. Indem Sie sich die Kränkung immer wieder vor Augen führen, lassen Sie sich viel Energie rauben. Zudem tut es Ihrem Selbstwertgefühl nicht gut, sich als Opfer zu sehen.

- **Rat:** Setzen Sie frühzeitig Grenzen, wenn Ihnen etwas nicht passt. Wehren Sie sich selbstbewusst sofort gegen Killerphrasen, Arroganz und Abwertung. Dann staut sich auch nichts auf.

C IHRE DUNKLE SEITE: SICH MIT EGO DURCHSETZEN

Für gewöhnlich begegnen Sie anderen aufmerksam und rücksichtsvoll. Aber: Ihre Contenance ist meist vergessen, wenn Sie etwas wirklich haben wollen. In dem Fall ziehen Sie sämtliche Register, um es zu bekommen. »Dunkle Seite« würden Sie das natürlich niemals nennen. Sie bezeichnen das lieber als »gesunden Ehrgeiz« oder »Zielstrebigkeit«. Tatsächlich aber ist das, was Sie dann veranstalten, gar nicht nett. Im Job übergehen Sie schon mal Kollegen, indem Sie sich direkt an die Chefetage wenden und sich für das neue Projekt vorschlagen. Darauf angesprochen kontern Sie: »Noch nie etwas von Self-Marketing gehört?« Im Privatleben drehen Sie richtig auf, wenn es sich um etwas handelt, das Ihnen besonders wichtig ist. Dann bearbeiten Sie Ihre Umgebung so lange und powern mit Überzeugungskraft, bis alle entnervt nachgeben, etwa bei der Urlaubsplanung. Das gilt aber auch bei Kleinigkeiten. Sie können ziemlich fordernd werden, wenn man Ihnen im Lokal einen schlechten Platz zuweist oder Sie an der Kasse im Geschäft zu lange warten lässt. Sobald Sie ihr Ziel erreicht haben, sind Sie wieder liebenswürdig wie eh und je.

- **Gewinn:** Mit Ihrem Auftreten machen Sie auf sich aufmerksam und übertrumpfen damit alle zurückhaltenden, angepassten oder ängstlichen Mitbewerberinnen und Mitarbeiter. Da in der Regel diejenigen etwas kriegen, die am lautesten schreien, erreichen Sie (in den meisten Fällen), was Sie wollen.

- **Gefahr:** Der Effekt kann sich ins Gegenteil verkehren. Manche Menschen machen ein forsches Verhalten aggressiv und sie reagieren darauf ablehnend. Es ist auch gut möglich, dass man Sie als cholerisch oder zickig abstempelt.

- Rat: Versuchen Sie es auf die entspannte Art. Wiederholen Sie regelmäßig das Mantra »Ich bin fair« oder auch »Ich bleibe gelassen«. Sie werden sehen, dass Sie auch ohne Drama und ausgefahrene Ellenbogen ganz schön weit kommen.

D IHRE DUNKLE SEITE: ZU GUT FÜR DIESE WELT

Sie sind so liebenswürdig, dass es einem Tränen der Rührung in die Augen treibt. Im Job sind Sie wahrscheinlich die gute Seele oder der Fels in der Brandung. Sie haben immer ein aufmunterndes Wort parat, sind diszipliniert, zuverlässig und fair. Im privaten Bereich sieht es nicht anders aus. Sie trösten die beste Freundin, helfen beim Umzug, hören zu. Aber wo bleibt Ihre dunkle Seite? Die ist so gut versteckt, dass Sie sie selbst kaum finden. Nur manchmal zeigt sie sich ganz zart: Wenn andere Lorbeeren ernten, die keineswegs mehr können oder die weniger Einsatz zeigen als Sie, aber die bessere Selbstdarstellung haben, dann hadern Sie schon mal mit der Ungerechtigkeit. Aber schließlich beruhigen Sie sich wieder. Wie die möchten Sie sowieso nicht sein – so oberflächlich, eitel oder egozentrisch. Gelegentlich wundern Sie sich, dass Menschen in Ihrer Umgebung ausgerechnet dann keine Zeit haben, wenn Sie selbst jemanden brauchen. Schließlich haben Sie doch Ihre eigenen Bedürfnisse für sie zurückgestellt. Aber naja, letztlich haben Sie auch dafür Verständnis. Um noch einmal auf Ihre dunkle Seite zurückzukommen: Wenn Sie tief in sich hineinhören und ganz ehrlich sind, ist da nicht doch manchmal Wut, Neid oder Eifersucht? Na also!

- Gewinn: Jeder schätzt Sie, Sie sind beliebt. Was auch kein Wunder ist, denn Sie sagen selten »Nein« und geben sich große Mühe, die Anforderungen, die an Sie gestellt werden, perfekt zu erfüllen.

- **Gefahr:** Sie lassen sich leicht ausnutzen. Das führt auf die Dauer zu seelischer, geistiger und auch körperlicher Überlastung.

- **Rat:** Achten Sie unbedingt auf Ihre Balance. Wer von Ihnen etwas will, muss auch seinerseits etwas dafür geben. Das kann zum Beispiel etwas Zeit sein, eine tatkräftige Unterstützung, Zuhören oder eine kleine Hilfestellung. Fordern Sie es deutlich genug ein. Keine Sorge, das ist nicht dunkel, sondern steht Ihnen zu.

E IHRE DUNKLE SEITE IST VARIABEL

Dass sich Ihre dunkle Seite nicht eindeutig bestimmen lässt, liegt an Ihrer Flexibilität. Wie weit Ihr Spektrum reicht, erfahren Sie, indem Sie die Auflösung unter denjenigen Buchstaben lesen, die Sie gleich oder ähnlich häufig angekreuzt haben. Überlegen Sie anhand der Beschreibungen, welche Eigenschaften Sie beibehalten oder ändern möchten.

Für Ihren weiteren Weg

Versetzen Sie sich abschließend in eine Situation, in der zuletzt Ihre dunkle Seite zum Vorschein kam. Beschreiben Sie die Gegebenheiten dieser Situation (Kontext, anwesende Personen, Meinungen etc.). Inwiefern hat Ihre dunkle Seite Sie in dieser Situation zum »Erfolg« gebracht? Inwiefern wurde die Situation aufgrund Ihrer dunklen Seite zu Ihren Gunsten gelöst?

Überlegen Sie, ob es andere ähnliche Situationen in der Vergangenheit gab, die Ihre dunkle Seite zum Vorschein brachten. Nennen Sie drei Umstände, die Ihrer Meinung nach in diesen Situationen Ihre dunkle Seite getriggert haben. Kennen Sie diese Triggerpunkte, können Sie gezielt versuchen, diese zu umgehen, oder mit Hilfe der Ratschläge aus Ihrem Testergebnis besser auf diese zu reagieren. Es ist hilfreich, sich seiner dunklen Seite bewusst zu sein und zu erkennen, wann und unter welchen Umständen diese zum Vorschein kommt. Dadurch können Sie gezielt die Gefahren Ihrer dunklen Seite minimieren und Ihr dunkles Potenzial gewissenhafter nutzen.

Welcher Willenstyp bin ich?

In jedem Menschen wächst von Geburt an ein starker Verbündeter: der eigene Wille. Besonders zum Jahreswechsel wird dieser auf die Probe gestellt, denn zu diesem Zeitpunkt fassen die meisten von uns kleine und große Vorsätze für die Zukunft. »Neues Jahr, neues Ich« lautet das Versprechen. Aber das Ich ist ein Gewohnheitstier: Spätestens im März sind die Fitnessstudios wieder leer, die in den ersten Wochen des Jahres noch aus allen Nähten platzten, die meisten Diäten sind wieder aufgegeben, die ersten Zigaretten schon wieder geraucht. Wer sich noch in der Silvesternacht vorgenommen hatte, öfter mal »Nein« zu sagen, mutiger oder vielleicht auch gelassener zu sein, steckt höchstwahrscheinlich noch immer in denselben Mustern fest. Und die allerwenigsten von uns haben tatsächlich ihr Leben komplett auf den Kopf gestellt, den Job gekündigt, die Beziehung beendet oder die Weltreise begonnen.

Und dennoch gibt es sie ja: die Menschen, die genau das tun. Die dem Leben und ihren Mitmenschen ein »So, Freundchen, ich kann auch anders!« entgegenschleudern und etwas schaffen, was ihnen keiner zugetraut hat. Die Willenskraft, die es braucht, um aus der eigenen Komfortzone zu treten, hat viel damit zu tun, sich die richtigen Bilder hervorzurufen und das Gehirn zu konditionieren. Hart gegen sich selbst zu sein oder sich zu etwas zu zwingen sind dagegen nicht unbedingt die entscheidenden Faktoren, die zum Erfolg führen. Damit unser Wille das tut, was wir ihm sagen, hilft es, ihn besser kennenzulernen.

- Welche Ziele haben Sie in den vier Bereichen Beruf/Erfolg, Gesundheit/Fitness, Familie/Partnerschaft/Freunde, Lebenssinn/Freude?

- Welcher Bereich hat bei Ihnen oberste Priorität?

- Welchen Plan verfolgen Sie zur Umsetzung Ihrer Ziele?

- Welche Routinen haben Sie im Alltag?

- Wann und was haben Sie zuletzt für eines Ihrer Ziele gemacht?

- Wann haben Sie zuletzt etwas angefangen und bis heute durchgezogen? Was war das?

- Welche Vorsätze haben Sie immer wieder, konnten sie aber bisher nicht umsetzen?

- Wann und weswegen waren Sie zuletzt stolz auf sich?

KREUZEN SIE IMMER DIE ANTWORT AN, DIE AUF SIE AM EHESTEN ZUTRIFFT.

1. Welchen Spruch über den Willen finden Sie am besten?
- »Den Menschen macht sein Wille groß oder klein.« Friedrich Schiller C
- »Reichen die Kräfte nicht aus, so ist doch der Wille zu loben.« Ovid D
- »Die Willensfreiheit haben viele im Munde, im Geiste aber nur wenige.« Dante Alighieri B
- »Solange ich atme, gebe ich nichts verloren.« Shakespeare A

2. Als Schriftstellerin schreiben Sie einen Roman. Seit einigen Tagen haben Sie eine Schreibblockade, Ihnen fällt nichts mehr ein. Was tun Sie?
- Sie lesen zur Anregung in den Werken Ihrer Lieblingsautoren. B
- Sie erledigen erst einmal weniger wichtige Dinge, korrigieren beispielsweise das Manuskript oder recherchieren. C
- Sie setzen sich trotzdem morgens an den Schreibtisch, auch wenn das Ergebnis für den Papierkorb ist. A
- Sie warten geduldig, bis die Muse Sie wieder küsst. D

3. Sie gehen wegen mangelnder Willenskraft zum Psychologen. Der stellt Ihnen zu Beginn seinen therapeutischen Ansatz vor. Welchen finden Sie am besten?
- »Ich gebe Ihnen in jeder Sitzung eine Aufgabe, die Sie zu Hause durchführen, um mir dann Rückmeldung zu geben.« A
- »Es geht darum, Ihre Ressourcen zu entdecken. Lassen Sie uns doch mal schauen, wo es mit der Willenskraft schon gut funktioniert.« B
- »Erwarten Sie nicht zu viel von sich selbst. Die Anlage zur Willenskraft ist auch genetisch bedingt. Aber Sie können mehr erreichen als bisher.« D
- »Wir fangen jetzt gleich einmal mit einer leichten Übung an.« C

4. **Eine Person aus Ihrem Freundeskreis hat etwas bekommen, das Sie sich auch sehr gewünscht haben. Sie ...**

- fragen sich bitter: »Warum sie und nicht ich?« **D**
- schwören sich: »Das kriege ich auch noch!« **A**
- halten sich vor Augen, was sie im Gegensatz zu Ihnen stattdessen nicht hat. **C**
- malen sich aus, wie sehr Sie sich selbst darüber freuen würden. **B**

5. **Was glauben Sie, welche Eigenschaft Ihnen in Ihrem Leben bisher am meisten gebracht hat?**

- Mein Mut, etwas zu verändern. **A**
- Meine Fähigkeit, mich auf die Umstände einzustellen. **C**
- Mein Optimismus. **D**
- Meine Fähigkeit, die richtigen Entscheidungen zu treffen. **B**

6. **Bitte streichen Sie in den folgenden Zeilen den Buchstaben »u« an:**

Safjudfrpumasdldntunmodsaouiünwegahrlasuasklrzipsanvxbfuinumalsf
hsumasoetpduiasnafkjguhklsfauntasuidsaupomndalkfruitadumfa

Wie ging es Ihnen bei der Aufgabe?

- Ich habe das schnell und konzentriert erledigt. **A**
- Ich bin nicht sicher, ob ich jedes »u« gefunden habe. **C**
- Ich habe die Aufgabe erfüllt, fand das aber nervig. **B**
- Ich habe sie nicht zu Ende gemacht. **D**

7. **Wie verhielt sich der Elternteil (oder ein anderer wichtiger Mensch), an dem Sie sich in Ihrer Kindheit am meisten orientiert haben?**

- Er war immer voller Ideen. **B**
- Er verstand es zu genießen. **D**
- Er war sehr diszipliniert. **A**
- Er stand mit beiden Beinen auf der Erde. **C**

8. **Im Fernsehen läuft eine Dokumentation über Surfer, die Riesenwellen reiten. Sie denken:**

- Wellenreiten ist ja gut und schön, aber muss es unbedingt die Riesenwelle sein? **C**
- Faszinierend. Vielleicht sollte ich im Urlaub mal einen Surfkurs buchen. **B**
- Ich verstehe nicht, wie man etwas derart Hochriskantes machen kann. **D**
- Die Körperbeherrschung und der Mut sind jedenfalls bewundernswert. **A**

9. **Wirklich passiert: Bei einem Wohnungsbrand geht die fertige Doktorarbeit eines Studenten in Flammen auf. Es gibt keine Kopie, das Ergebnis von drei Jahren Arbeit ist verloren. Wie würden Sie in dem Fall reagieren?**

- Eines ist ganz klar, den Stress tue ich mir kein zweites Mal an. **D**
- Ich orientiere mich um. Man kann auch ohne Doktortitel erfolgreich sein. **C**
- Ich setze mich sofort hin und versuche die Arbeit zu rekonstruieren. Ein Jahr wird das wohl dauern. **A**
- Ich brauche erst mal Abstand. Vielleicht fange ich später noch einmal mit einem ganz neuen Thema an. **B**

10. **Welcher Umgang mit Geld kommt Ihrem am nächsten?**

- Was ich haben will, versuche ich möglichst günstig zu kriegen, beispielsweise im Sale oder gebraucht. **C**
- Das Leben ist zu kurz, um knickerig zu sein. Ich gönne mir meist, was ich haben möchte, und überziehe auch schon mal mein Konto. **D**
- Normalerweise bin ich sparsam. Aber wenn ich etwas unbedingt haben will, dann schaue ich nicht auf den Preis. **B**
- Ich bin generell sparsam und habe einen genauen Überblick über meine Ausgaben. **A**

11. **Ein klassisches Experiment zur Willensstärke: Die Probanden halten ihre Hand in eiskaltes Wasser. Nach kurzer Zeit beginnt die Hand zu schmerzen. Dabei wird die Zeit gemessen, wie lange sie durchhalten. Im Schnitt sind das 80 Sekunden, die Obergrenze liegt bei zweieinhalb Minuten – länger wäre gesundheitsschädlich. Sie machen als Versuchsperson mit. Wie präparieren Sie sich?**

- Um länger durchzuhalten, stellen Sie sich vor, dass Sie auf einer Eisscholle in der Arktis sind. **B**
- Sie üben vorher zu Hause mit einem Eimer Eiswasser. **C**
- Sie nehmen das sportlich und wollen mindestens zwei Minuten schaffen. **A**
- Sie beschließen: »Sobald es richtig wehtut, ziehe ich die Hand heraus.« **D**

12. **Ihr Team hat einen großen Auftrag an Land gezogen. Als Teamleiter halten Sie beim Umtrunk eine kleine Rede. Was kommt außer Dank an alle wohl noch darin vor?**

- »Super gelaufen! Lasst uns den Erfolg gebührend feiern!« **D**
- »Leute, das setzt Maßstäbe. Schaffen wir das noch mal?« **C**
- »Die Zusammenarbeit hat echt Spaß gemacht – man sieht's am Ergebnis.« **B**
- »Ruhen wir uns nicht auf unseren Lorbeeren aus – Prost auf den nächsten großen Deal!« **A**

13. **Sie versuchen mit einer Diät Ihre Strandfigur zu verbessern. Genau in dieser Abnehmzeit geben Freunde eine große Party. Das Buffet ist voller Köstlichkeiten. Sie ...**

- sagen sich: »Einmal ist keinmal.« Es wäre doch zu schade, sich das entgehen zu lassen. **D**
- picken sich die kalorienarmen Speisen heraus. **A**
- stellen sich vor, wie Sie mit dickem Bauch am Strand liegen. Dann vergeht Ihnen die Lust am Essen. **B**
- überlisten sich, indem Sie nur einen kleinen Teller nehmen. **C**

14. Vor seiner Hochzeit mit der Schauspielerin Meghan Markle soll Prinz Harry das Personal angeschrien haben: »Was Meghan will, das bekommt sie!« Was meinen Sie dazu?

- Als Royal sollte man sich im Griff haben. Das wäre der Queen jedenfalls nie passiert. A
- Das darf man nicht auf die Goldwaage legen. Der Bräutigam war bestimmt supernervös, da rastet man schon mal aus. C
- Zwar nicht die feine Art, aber einen Mann, der so hinter seiner Frau steht, wünscht sich doch jede! D
- Wenn einem etwas sehr wichtig ist, dann reagiert man schon mal etwas zu emotional. B

15. Geben Sie sich je eine Schulnote für ...

- Beharrlichkeit
  1 A, 2 B, 3 C, 4 D
- Durchsetzungsfähigkeit
  1 A, 2 B, 3 C, 4 D
- Ehrgeiz
  1 A, 2 B, 3 C, 4 D

16. Ein Team bekommt eine unangenehme Aufgabe, die zu einem festen Termin erledigt sein muss. Jedes Teammitglied hat seine eigene Methode, um pünktlich mit der Aufgabe fertig zu werden. Welche Methode gefällt Ihnen am besten?

- Am schwersten ist es, anzufangen. Deshalb sage ich mir: »Nur eine Viertelstunde.« Dann ist der Bann gebrochen und ich mache weiter. B
- Für mich gilt der Spruch: »Je eher daran, desto eher davon.« Ich fange sofort an, damit ich den Kopf dann wieder frei habe. A
- Ich teile mir die Aufgabe in überschaubare Portionen ein. So habe ich jedes Mal ein kleines Erfolgserlebnis. C
- Ich schiebe die Arbeit eine Weile vor mir her. Unter Zeitdruck bin ich besonders effektiv. D

17. **Im Kennedy-Clan galt der Leitspruch: »Come in first, second place is failure« – »Sei die Nummer eins, der zweite Platz ist für Verlierer«. Was meinen Sie dazu?**

- Und was ist bei so viel Ehrgeiz herausgekommen? Zwei tote Präsidenten! **D**
- So ein Motto spornt in jedem Fall zur Höchstleistung an. **A**
- Man muss doch nicht immer und überall die Nummer eins sein. **B**
- Der zweite Platz kann auch eine sehr gute Leistung sein. **C**

18. **Im hohen Alter schauen Sie auf Ihr Leben zurück. Was bereuen Sie?**

- Ich habe meine Träume nicht verwirklicht. **D**
- Ich habe zu viel Zeit mit Arbeit verbracht. **A**
- Ich habe zu viele Kompromisse gemacht. **C**
- Ich habe mein Potenzial nicht voll ausgeschöpft. **B**

Testauswertung

Zählen Sie zusammen, wie oft Sie die Buchstaben A, B, C und D angekreuzt haben. Die Auflösung finden Sie unter dem Buchstaben, den Sie am häufigsten gewählt haben. Haben Sie mehrere Buchstaben gleich häufig angekreuzt, lesen Sie zunächst Auflösung E.

A DER EISERNE WILLE

Ihre Aufgaben packen Sie nach dem Motto »Geht nicht gibt's nicht« an. Sobald Sie etwas als notwendig erkannt haben, legen Sie los. Treiben etwa mehr Sport, achten auf Ihre Ernährung, notieren Ihre Ausgaben. Im Job halten Sie Termine strikt ein und machen Überstunden, um ein Projekt abzuschließen, egal, ob Sie Kopfschmerzen haben oder ein privates Event verpassen. Was Sie anfangen, wird auch zu Ende gebracht, und was Sie haben wollen, das kriegen Sie. Dabei helfen Ihnen Eigenschaften wie Disziplin, Durchhaltevermögen und eine gute Portion Hartnäckigkeit.

Diese konsequente Haltung macht Sie sehr erfolgreich, ist aber auch anstrengend. Deshalb lohnt es sich, sie zu hinterfragen: Warum müssen Sie unbedingt gewinnen – auch gegen Ihren inneren Schweinehund? Häufig ist das einer Erziehung geschuldet, die großen Wert auf Leistung gelegt hat. Oder Sie haben gelernt, dass Sie für sich selbst sorgen müssen. Jedenfalls brauchen Sie kaum Antrieb von außen, um immer und überall vollen Einsatz zu zeigen, Sie haben es verinnerlicht. Damit besteht die Gefahr, dass Sie sich und andere überfordern und viele lustvolle Momente verpassen. Bei Ihnen geht es deshalb nicht darum, Ihren Willen zu aktivieren, sondern ihn teilweise zu deaktivieren: Zum Leben gehört nicht nur Selbstkontrolle.

Bevor Sie das nächste Mal wieder die Zähne zusammenbeißen oder Ihren Kopf durchsetzen wollen, fragen Sie sich: Ist es das wert? Entscheiden Sie, was wirklich wichtig ist, und lassen Sie bei allem anderen bewusst locker. Machen Sie sich klar, dass Sie auch erfolgreich sind, wenn Sie nicht hundert Prozent Leistung bringen, und dass es sehr entspannend ist, auch mal nachzugeben.

B DER INSPIRIERTE WILLE

Sie besitzen eine Menge Willensstärke, setzen sie aber nicht immer ein. Manchmal haben Sie vielleicht sogar das Gefühl, in puncto Willen eine gespaltene Persönlichkeit zu sein. Sie fragen sich: Wie ist es möglich, dass Sie einerseits eine ganze Tüte Chips wegfuttern und die halbe Nacht im Internet surfen, andererseits aber hochkonzentriert eine ungeliebte berufliche Aufgabe erledigen und bis zur Erschöpfung die Wohnung renovieren? Oder dass es Ihnen schwerfällt, Ihrem Kollegen Paroli zu bieten, während Sie Ihrem Kind prima beibringen, wie man sich gegen die Rüpel in der Schule durchsetzt? Dieser Zwiespalt lässt sich einfach erklären: Ihre Willensstärke ist kein Selbstgänger, sondern hängt mit Ihrer Motivation zusammen. Sie brauchen einen anregenden Grund, um sich zu engagieren. Beim Erlernen einer Fremdsprache ist es etwa der Wunsch, sich im Urlaub leichter zu verständigen. Beim Managen eines schwierigen Projekts ist es der Wunsch nach Anerkennung. Bei der Forderung nach einer Gehaltserhöhung ist es die Möglichkeit, sich etwas Schönes zu leisten.

Die Faustregel für Sie lautet deshalb: Wollen Sie Ihre Willenskraft aktivieren, müssen Sie Ihre Motivation steigern und auch Vernunftziele emotional aufladen. Das gelingt Ihnen vor allem mithilfe Ihrer Vorstellungskraft. Schließen Sie Ihre Augen und malen Sie sich aus, was Sie gewinnen, wenn Sie sich für eine Aufgabe engagieren oder etwas durchsetzen. Sie können auch mit einer Foto-Collage ein Moodboard erstellen, das Ihnen Ihr Ziel bildlich vor Augen führt.

C DER REALISTISCHE WILLE

Sie besitzen eine wichtige Voraussetzung für Willenskraft: Sie wissen genau, was Sie wollen. Damit fokussieren Sie Ihr Engagement. Und dann legen Sie los, fest entschlossen – bis eine größere Schwierigkeit auftaucht und sich die Dinge anders als geplant entwickeln. Dies kann sein: Mitstreiter oder Kolleginnen springen ab, gesundheitliche Probleme behindern Sie, es hagelt Kritik. Ihnen kommen Zweifel, ob sich dieser Einsatz auf die Dauer lohnt. Das heißt nicht, dass Sie Ihr Ziel völlig aufgeben, aber Sie sind zu einem Kompromiss bereit. Wenn Sie nicht die Taube auf dem Dach haben können, dann eben den Spatz in der Hand. Teamleitung statt Chefposition, Nordic Walking statt Marathon-Training. Ob dieses Downshifting Ihres Willens ein gutes Prinzip ist, hängt von der Art der Hürde ab. Handelt es sich um etwas, das Sie trotz aller Anstrengung nicht selbst bewirken können, ist es durchaus sinnvoll, nicht länger darauf zu beharren, sondern sich mit einem erreichbaren Ersatz zufriedenzugeben. Doch seien Sie ehrlich zu sich selbst: Ist es Ihnen vielleicht nur zu mühsam, die Blockade zu überwinden? Dann sollten Sie Ihren Willen aktivieren, indem Sie sich Unterstützung organisieren. Etwa indem Sie sich einer Gruppe von Gleichgesinnten anschließen oder ein Coaching buchen. Mit etwas Hilfe springen Sie sicher über die Hürde.

D DER ENTSPANNTE WILLE

Natürlich besitzen Sie Willenskraft, wie jeder Mensch. Aber Sie setzen sie recht wenig ein. Mal auf das Glas Rotwein am Abend verzichten? Viele Wochenenden für eine Fortbildung opfern? Eine Idee unbedingt durchsetzen? Nicht Ihr Ding. Das lässt Ihnen Zeit, zu leben und zu genießen. Es wirkt auch sehr sympathisch, dass Sie nicht verbissen Erfolgen hinterherjagen. Die Kehrseite der Medaille ist nur, dass diese lockere Haltung Sie kaum weiterbringt. Spätestens, wenn bei Ihnen Neid auf erfolgreichere oder durchsetzungsfähigere Menschen in Ihrer Umgebung aufkommt, lohnt es sich, über die Ursachen nachzudenken. Dahinter steckt mit Sicherheit mehr als nur Bequemlichkeit oder Harmoniebedürfnis. Vielleicht setzen Sie passiv auf ein glückliches Schicksal, nach dem Motto: »Was dir von Gott ist zugedacht, das wird dir bis ans Bett gebracht.« Aber positives Denken allein reicht nicht: ohne Handeln kein Erfolg.

Richten Sie sich in dem Fall innerlich mehr auf den zu erwartenden Lustgewinn statt auf den aktuellen Verzicht aus, dann werden Sie aktiver. Wahrscheinlicher ist jedoch, dass Sie unbewusst Angst davor haben, zu versagen oder abgelehnt zu werden, und es deshalb gar nicht erst versuchen. Dagegen hilft, Ihre Willenskraft zunächst in einer kleinen Portion zu aktivieren. Nehmen Sie sich nur wenig vor. *Kaizen* nennen die Japaner die Methode der ständigen Verbesserung. Dabei geht es nicht darum, mit gewaltigem Einsatz ein Ziel zu erreichen, sondern mit kleinen Schritten darauf hinzuwirken, wann immer sich die Gelegenheit bietet. Der Effekt beruht darauf, dass man mit Mini-Willensanstrengungen den unbewussten Widerstand unterwandert. Statt sich also jeden Tag eine halbe Stunde Gymnastik abzuringen, machen Sie fünf Sit-ups nebenbei vor dem Fernseher. Statt gleich eine umfassende Forderung zu stellen, äußern Sie erst einmal eine kleine Bitte. Viele winzige Schritte summieren sich und sind die Basis für die nächstgrößere Willensanstrengung.

E DER FLEXIBLE WILLE

»Wo ein Wille ist, da ist auch ein Weg«, heißt es so schön. Bei Ihnen sind es gleich mehrere Wege. Sie setzen Ihre Willenskraft ganz unterschiedlich ein. Wie genau, das erfahren Sie unter denjenigen Buchstaben, die Sie gleich oder ähnlich häufig gewählt haben. Ihre Flexibilität in puncto Willen hat seine Vor- und Nachteile. Ein Plus ist, dass Sie nicht stur auf einer grundsätzlichen Einstellung beharren, sondern sich mal mehr, mal weniger intensiv für Ihre Ziele einsetzen. Wenn Sie das bewusst tun, können Sie mit dieser Flexibilität gewinnen. Negativ wirkt es sich jedoch aus, wenn Sie einfach nur Stimmungsschwankungen nachgeben. Prüfen Sie Ihre Ziele, und entscheiden Sie, welche Ihrer Willensformen Sie aktivieren oder verstärken möchten.

Für Ihren weiteren Weg

Sie wissen nun, welcher Willenstyp Sie sind, doch um Ihren Willen zu optimieren, ist es wichtig zu wissen, wie sich Willenskraft eigentlich zusammensetzt und was sie mit Erfolg zu tun hat. Forscher haben herausgefunden, dass Erfolg oder herausragende Leistungen nicht primär die Folge besonders großer Anstrengung sind. Auch die Motivation ist nicht der entscheidende Faktor. Viel wichtiger sind sechs andere Komponenten: *Aufmerksamkeitssteuerung*, also die Fähigkeit, sich auf ein Ziel zu konzentrieren, ohne sich ständig ablenken zu lassen; *Emotions-* und *Stimmungsmanagement*, also der konstruktive Umgang mit negativen Gefühlen; außerdem *Selbstvertrauen*, vorausschauende *Planung* sowie *Selbstdisziplin* – die sich jedoch nicht aus Zwang speist, sondern aus der Sinnhaftigkeit des zu erreichenden Ziels.

Bricht man die Willenskraft auf diese Teilkomponenten herunter, scheint es einfacher und machbarer, an einzelnen Faktoren zu arbeiten und die Willenskraft so nach und nach zu stärken und zu trainieren. Es gibt also eine ganze Menge Möglichkeiten, dem eigenen Willen ein bisschen auf die Sprünge zu helfen, um in entscheidenden Momenten genau die Seite zeigen zu können, die uns am ehesten hilft, unsere Ziele zu erreichen.

Die abschließende Übung »S.M.A.R.T.e Zielsetzung« (George Doran, 1981) kann Sie dabei unterstützen, konkrete Ziele bestimmter zu erreichen oder Gewohnheiten in Ihren Alltag zu implementieren. Laut Doran müssen Ziele die folgenden Charakteristika aufweisen:

- **S**pezifisch: Die Zielsetzung sollte so konkret wie möglich sein. Schwammige Zielsetzungen wie z. B. »mehr Sport« sollten vermieden werden (besser: »Montag, Mittwoch und Freitag möchte ich je eine Stunde Joggen gehen«).

- **M**essbar: Ziele sollten messbar sein, damit Sie sehen, ob Sie das Ziel am Ende wirklich erreicht haben (z. B. »dreimal pro Woche je eine Stunde Sport treiben«).

- **A**ttraktiv: Ihre Ziele sollten attraktiv sein, sodass Ihre intrinsische Motivation angekurbelt wird (z. B. »Mehr Sport trägt zur Verbesserung der Gesundheit und der Fitness bei und führt damit langfristig zur Steigerung des Wohlbefindens«).

- **R**ealistisch: Ihre Ziele müssen zu Ihrer aktuellen Lebenslage passen und realistisch umsetzbar sein (Sind Sie beispielsweise in der nächsten Zeit unentwegt auf Dienstreise, ist es eher unrealistisch, eine Sportroutine zu implementieren).

- **T**erminiert: Ihre Zielsetzung braucht einen zeitlichen Rahmen (Berücksichtigen Sie dabei, dass sich neue Gewohnheiten in der Regel nach etwa drei Monaten fest etabliert haben).

Überlegen Sie sich ein Ziel, das Sie gerne erreichen möchten, oder eine Gewohnheit, die Sie gerne einführen wollen, und definieren Sie den entsprechenden S.M.A.R.T.en Rahmen dafür, z. B.: »Ich möchte im nächsten halben Jahr pro Monat ein Buch (zirka 350 Seiten) lesen, um meinen Geist anzuregen und meine Online-Zeit zu minimieren. Um zusätzlich meine Schlafhygiene zu verbessern, möchte ich an mindestens drei Abenden wöchentlich abends vor dem Einschlafen jeweils eine Stunde lesen, anstatt sie mit Smartphone oder Fernsehen zu verbringen. Bis zum Monat Juni möchte ich also sechs Bücher gelesen haben.«

Was sind meine Denkmuster?

Grundsätzlich sollten Sie Ihre Gedanken nicht zu ernst nehmen, denn sie beschäftigen sich mit Dingen, die Sie ohnehin nicht ändern können, anstatt mit der Analyse und Lösung konkreter Probleme. Die meisten Gedanken sind daher überflüssig und ständiges Grübeln kostet schlichtweg Kraft und führt zu nichts. Es ploppen in der Regel nur wenige neue und kreative Gedanken auf, die uns wirklich weiterhelfen. Um ein Gefühl für Ihre eigenen Gedanken zu bekommen, können Sie ein Gedankenprotokoll verfassen. Dazu brauchen Sie nur einen Stift, ein Blatt Papier und einen Timer. Nehmen Sie sich zehn Minuten Zeit und schreiben Sie wirklich jeden Gedanken nieder, der Ihnen in dieser Zeit durch den Kopf geht. Lesen Sie sich nach Ablauf der zehn Minuten durch, was Sie aufgeschrieben haben. Sie werden erkennen, dass die meisten Ihrer Gedanken überflüssig und nicht hilfreich sind. Unterstreichen Sie die wichtigen, um diesen aktiv Ihre Aufmerksamkeit zu schenken. Wiederholen Sie das Gedankenprotokoll regelmäßig, sodass Sie ein Gespür für Ihre Gedanken und deren Wichtigkeit bekommen.

Unser Alltag ist geprägt von automatisch ablaufenden Denkmustern und Denkfallen. Wir haben diese so sehr verinnerlicht, dass sie uns in unserem Verhalten und in unseren Entscheidungen beeinflussen, ohne dass wir es bemerken. Unsere unterbewusst abgespeicherten Denkmuster führen sogar dazu, dass wir Dinge anders wahrnehmen, als sie eigentlich sind. Das kann einerseits gut sein und uns vor Gefahren schützen, andererseits kann es auch zu großen Belastungen führen. Daher ist es wichtig, zu erkennen, welche Denkmuster wir verfolgen, sodass wir bestimmte Denkfallen identifizieren und ihnen bewusst die Kraft nehmen können.

Wissen Sie, welche Gedanken Sie antreiben? Es gibt unzählige verschiedene Denkmuster und viele kluge Köpfe, die unterschiedliche Ansätze zum Umgang und zur Sichtweise auf das Leben und das menschliche Verhalten etabliert haben. Zu den großen Denkschulen zählen unter anderem der Aufklärer Kant, der Philosoph Sokrates oder der Begründer der Psychoanalyse

Sigmund Freud. Alle drei hatten eine spezifische Art zu denken, die von ihren Einstellungen und Werten geprägt war. Unser eigenes Denken entspricht teilweise genau diesen Denkmustern. Ist es bei Ihnen zum Beispiel – ähnlich wie bei Kant – Teil Ihres Alltags, zu hinterfragen was im Leben richtig oder falsch ist? Oder ticken Sie eher wie Sokrates und stellen elementare Fragen wie »Was will ich?«. Vielleicht denken Sie aber auch mehr wie Sigmund Freud, fragen sich, wer Sie eigentlich sind und erkennen Motive bei sich und bei anderen.

Testen Sie, welches dieser drei Denkmuster Ihnen am ehesten entspricht und worauf Sie achten sollten.

KREUZEN SIE IMMER DIE ANTWORT AN, DIE AUF SIE AM EHESTEN ZUTRIFFT.

1. **Manche Menschen werden mit einem goldenen Löffel im Mund geboren: reich, gute Familie, beste Beziehungen. Welcher Gedanke schützt da wohl am besten vor Neid?**

- Wer verwöhnt ist, hat es später besonders schwer, auf eigenen Füßen zu stehen. **A**
- Reichtum ist keine Garantie für Glück. **B**
- Damit ist auch eine große gesellschaftliche Verantwortung verbunden. **C**

2. **Ihr Freund hat den Job, für den er sich beworben hat, nicht bekommen und ist deprimiert. Wie unterstützen Sie ihn?**

- Sie analysieren mit ihm, warum es wohl nicht geklappt hat. So kann er es beim nächsten Mal besser machen. **B**
- Sie sehen mit ihm passende Stellenangebote im Internet durch. **C**
- Sie laden ihn ins Kino ein, um ihn abzulenken. **A**

3. **Welche Wortreihe spricht Sie am meisten an?**

- Quelle – klar – beständig **C**
- Mond – See – tief **A**
- Frei – Wind – frisch **B**

4. **Auf Ihrem Konto herrscht Ebbe. Aber da lockt diese traumhafte Designertasche oder das neueste Smartphone. Wie verhalten Sie sich?**

- Sie finden, das haben Sie sich jetzt mal verdient, und nutzen Ihren Überziehungskredit. **A**

- Sie überlegen, ob das wirklich sein muss. B
- Sie sparen lieber, bis Sie es sich leisten können. C

5. In einem Gespräch regt es Sie am meisten auf, wenn jemand ...

- ... seine eigene Meinung für die einzig richtige hält. B
- ... schlecht über andere spricht oder über andere lästert. C
- ... oberflächliches Zeug schwatzt. A

6. Eine Zeitreise macht es möglich: Sie dürfen Sokrates, Freud und Kant interviewen. Was möchten Sie am liebsten wissen?

- »Lieber Immanuel Kant, waren Sie tatsächlich immer so streng mit sich?« C
- »Herr Freud, für Sie sind Traumsymbole erotischer Natur. Hatten Sie selbst sexuelle Probleme?« A
- »Sokrates, hatten Sie wirklich keine Angst vor dem Tod, als Sie den Schierlingsbecher tranken?« B

7. Nach einem Unfall müssen Sie einige Wochen im Krankenhaus liegen. Sie ...

- ... sehen auch das Positive: Endlich haben Sie Zeit zum Nachdenken. B
- ... stehen die Zeit tapfer durch. Jammern hilft ja nicht. C
- ... hadern mit Ihrem Schicksal: Warum musste das ausgerechnet Ihren passieren? A

8. Auf einer Party ...

- ... plaudern Sie als guter Gast mit möglichst vielen Anwesenden. C
- ... macht es Ihnen Vergnügen, mit einem Glas in der Hand die anderen Gäste zu beobachten. A
- ... führen Sie mit einem interessanten Menschen ein intensives Gespräch. B

9. **Gehirnimplantate werden es in Zukunft ermöglichen, dass jeder die Gedanken anderer Menschen lesen kann. Welchen Nutzen könnte das haben?**

- Keinen. Bestimmt erfindet man dann auch bald ein Gerät, mit dem sich Gedanken wieder verbergen lassen. **A**
- Die Kommunikation wird ehrlicher, weil jede Unwahrheit gleich entlarvt wird. **B**
- Man kann Verbrechen schon während der Planung verhindern. **C**

10. **Blaise Pascal sagte: »Es gibt zwei gleichermaßen gefährliche Extreme: den Verstand abzuschalten und ausschließlich den Verstand zu benutzen.« Was meinen Sie dazu?**

- Um das zu beurteilen, müsste man erst einmal wissen, in welcher Situation es zum einen oder anderen kommt. **B**
- Es ist eine Illusion, zu glauben, man könne ausschließlich den Verstand benutzen. Es spielen immer auch Emotionen eine Rolle. **A**
- Dann ist es auf jeden Fall besser, den Verstand zu benutzen, anstatt ihn abzuschalten. **C**

11. **Auf der Straße sitzt ein junger Mann und bettelt. Was denken Sie?**

- Was bringt bloß einen jungen Menschen dazu, sich in so eine demütigende Situation zu begeben? **A**
- Er sollte sich lieber Arbeit suchen. **C**
- Ich gebe ihm einen Euro und spreche ihn mal an. **B**

12. **Angenommen, Sie lassen auf dem Sterbebett Ihr Leben noch einmal Revue passieren. Am meisten bereuen Sie, dass Sie ...**

- ... Gefühle nicht gezeigt haben. **C**
- ... zu sehr auf Sicherheit bedacht gewesen waren, anstatt etwas zu wagen. **B**
- ... auf die Erfüllung Ihrer Herzenswünsche verzichtet haben. **A**

13. Sie sind glücklich verheiratet. Trotzdem passiert es: Sie verlieben sich in eine Kollegin oder einen Kollegen. Auf einer gemeinsamen Geschäftsreise ergibt sich die Gelegenheit zum intimen Kontakt. Sie ...

- ... schwanken, ob Sie wirklich wegen einer Verliebtheit Ihre Beziehung aufs Spiel setzen sollen. B
- ... können einfach nicht widerstehen, haben aber ein schlechtes Gewissen. A
- ... bleiben stark, so schwer es Ihnen auch fällt. C

14. Im Fernsehen tagt das *Philosophische Quartett*. Welches Thema interessiert Sie am meisten?

- Woher kommt das Böse? A
- Was ist der Sinn des Lebens? B
- Hat der Mensch tatsächlich einen freien Willen? C

15. Sie diskutieren mit einem Freund über die Flüchtlingspolitik. Dabei gehen die Meinungen weit auseinander. Sie ...

- ... geben sich Mühe, ruhig zu bleiben und die Position Ihres Freundes zu verstehen. B
- ... regen sich fürchterlich über so viel Ignoranz auf. A
- ... lassen sich nicht umstimmen. Ihre Argumente sind einfach die besseren. C

16. In der Diesel-Affäre behaupten die Verantwortlichen, von nichts gewusst zu haben. Was meinen Sie dazu?

- Angst vor den Folgen und ein schlechtes Gewissen sind auch eine Strafe. A
- Die an der Spitze glauben oft, sie stünden über dem Gesetz. C
- Man wird ihnen hoffentlich ihre Mitschuld detailliert nachweisen. B

17. Im Bus telefoniert jemand neben Ihnen lautstark auf seinem Handy. Sie ...

- ... machen ihn darauf aufmerksam, dass er zu laut ist. C
- ... sagen: »Glauben Sie eigentlich, dass Ihr Privatleben alle interessiert?« B
- ... werfen dem Egozentriker richtig böse Blicke zu. A

18. Welches Sprichwort trifft die Einstellung Ihres Elternhauses am ehesten?

- Jeder ist seines Glückes Schmied. B
- Man muss die Feste feiern, wie sie fallen. A
- Erst die Arbeit, dann das Spiel. C

19. Sie stellen fest, dass Sie sich schon sehr an das abendliche Glas Wein oder Bier gewöhnt haben. Sie ...

- ... sagen sich: Solange es nicht mehr wird, gönne ich mir das. A
- ... nehmen sich fest vor, nur noch am Wochenende Alkohol zu trinken. C
- ... testen aus, wie es Ihnen ohne den Abendschoppen geht. B

20. Deutschland ist bei der WM schmählich gescheitert. Von sportlichen Defiziten einmal abgesehen, woran lag das wohl vor allem?

- Die Spieler waren träge, haben nicht alles gegeben. C
- Sie haben sich zu sehr auf ihre bewährte Taktik verlassen. B
- Die Mannschaft hat sich überheblich von vornherein als Sieger gesehen. A

21. Hinter Ihrem Rücken sprechen Bekannte über Sie. Womit haben sie zumindest ein bisschen recht?

- ... ist immer so perfektionistisch. B
- ... reagiert oft zu emotional. A
- ... nimmt alles so ernst. C

22. Sie checken ständig Ihre Mails, schauen dauernd auf Ihr Smartphone. Selbstkritisch fragen Sie sich:

- Bin ich vielleicht schon süchtig? **A**
- Muss ich tatsächlich immer erreichbar sein? **C**
- Welche Informationen sind eigentlich wirklich wichtig? **B**

23. Am glücklichsten sind Sie, wenn Sie ...

- ... eine Aufgabe erfolgreich bewältigen. **C**
- ... etwas Neues lernen können. **B**
- ... im Einklang mit sich selbst sind. **A**

Testauswertung

Zählen Sie zusammen, wie oft Sie die Buchstaben A, B und C angekreuzt haben. Die Auflösung finden Sie unter dem Buchstaben, den Sie am häufigsten gewählt haben. Haben Sie mehrere Buchstaben gleich häufig angekreuzt, lesen Sie zunächst Auflösung D.

A SIE DENKEN WIE SIGMUND FREUD

Nein, Sie sehen nicht in jedem Kugelschreiber einen Penis und in jeder Handtasche eine Vagina. Die Parallele zum Begründer der Psychoanalyse liegt in Ihrem Interesse an inneren Vorgängen. Sie wissen, dass der Verstand oft überbewertet wird und die eigentlich treibende Kraft im Verborgenen liegt. Das lässt Sie vieles durchschauen, was anderen rätselhaft ist. Dabei entlarven Sie so manches Motiv. Sie sehen zum Beispiel, dass sich jemand hilfsbereit gibt, aber es ihm eigentlich nur um Anerkennung geht. Oder dass jemand aufgrund seines Narzissmus leicht kränkbar ist. Damit haben Sie einen großen Vorsprung in puncto Menschenkenntnis und können entsprechend reagieren. Weil Sie Ihre eigenen Schwächen gut kennen, sind Sie auch großzügig mit anderen. Schließlich wissen Sie aus Erfahrung, wie schwer es fällt, einer Verlockung zu widerstehen, oder im Gegenteil, wie lustvoll es ist, ihr nachzugeben.

Darauf sollten Sie achten

Ihr psychoanalytisches Denken kann dazu verführen, dass Sie zu sehr in der Vergangenheit verhaftet bleiben. Dort liegen zwar manche Ursachen für Ihr aktuelles Verhalten, aber die (Er-)Lösung finden Sie nur in der Gegenwart. Übernehmen Sie die Verantwortung im Hier und Jetzt, und befreien Sie sich mutig von mentalen Altlasten.

B SIE DENKEN WIE SOKRATES

Sie sind auf positive Weise neugierig. Wahrscheinlich haben Sie schon als Kind Ihre Eltern mit »Wieso, weshalb, warum?« gelöchert. Mit dem bloßen Augenschein und vordergründigen Erklärungen geben Sie sich jedenfalls bis heute nicht zufrieden. Sie wollen den Dingen auf den Grund gehen. Wenn Sie sich mit etwas beschäftigen, dann sind Sie voll und ganz dabei und sammeln akribisch alle nötigen Informationen. Sie sind immer bereit, zu lernen und Neues zu erfahren. Von daher lieben Sie auch Diskussionen in der Familie oder im Freundes- und Kollegenkreis. Was nicht immer einfach ist, weil Sie meist einen Wissensvorsprung haben und leicht ungeduldig werden, wenn man Ihren guten Argumenten nicht folgen kann. Dabei ist Ihr intellektuelles Suchen kein Selbstzweck. Sie erhoffen sich Hinweise darauf, wie Sie Ihr Leben glücklich und erfolgreich führen können. Ebenso wichtig ist es für Sie, eine Antwort auf die Frage zu finden, wie Sie zu innerer Harmonie gelangen.

Darauf sollten Sie achten

Grübeln Sie nicht so viel. Nicht alles lässt sich durch kluge Überlegungen ergründen. Auch Sokrates glaubte schließlich an einen inneren Dämon, der ihm den rechten Weg wies. Heute sprechen wir eher von Intuition oder davon, dass uns unsere Seele führt. Vertrauen Sie sich selbst – und dem Leben.

C SIE DENKEN WIE KANT

Immanuel Kant wäre gewiss entzückt über Ihre geistige Gefolgschaft. Das betrifft vor allem die Tatsache, dass für Sie Werte eine große Rolle spielen. Man darf in dem Zusammenhang von Tugenden sprechen: Zuverlässigkeit, Ehrlichkeit, Gerechtigkeit und Loyalität haben für Sie eine Bedeutung und Sie bemühen sich, Ihr Handeln danach auszurichten. Was Sie sich selbst abverlangen, fordern Sie allerdings auch von anderen. Zumindest erwarten Sie, dass sie sich entsprechend Mühe geben. Von Träumern, die außer Luftschlössern nichts zustande bringen, halten Sie nicht viel. Sie wollen Taten sehen. Den eigenen Ansprüchen zu genügen, kostet natürlich jede Menge Energie. Deshalb kommen Ihnen manchmal Zweifel, ob es sich überhaupt lohnt, ein guter Mensch zu sein, oder ob nicht doch eher gilt: »Der Ehrliche ist der Dumme.« Aber Ihr ausgeprägtes Gewissen lässt Ihnen keine Wahl. Und genau das macht Sie zum Vorbild.

Darauf sollten Sie achten

Ihre moralische Gesinnung in allen Ehren, aber überfordern Sie sich nicht. Sie dürfen nicht vergessen, dass es den idealen Menschen nicht gibt. Wir können uns allenfalls sagen: Der Weg ist das Ziel. Verzeihen Sie es sich und anderen, wenn die hohen Maßstäbe nicht erreicht werden. Und versuchen Sie es einfach mal mit der Formel: Gut ist gut genug.

D SIE DENKEN FLEXIBEL

Von dem französischen Schriftsteller Francis Picabia stammt der Aphorismus: »Unser Kopf ist rund, damit das Denken die Richtung wechseln kann.« Das scheint auch Ihr Motto zu sein. Jedenfalls lassen Sie sich nicht auf eine einzige Art zu denken festlegen. Welche Richtungen Sie dabei bevorzugt einschlagen, lesen Sie unter den Buchstaben, die Sie gleich häufig gewählt haben. Möglicherweise ergeben sich dabei sogar widersprüchliche Ansätze, denn Sie haben nicht nur eine Seele in der Brust. Ob Ihre mentale Vielfalt günstig oder eher hinderlich ist, hängt davon ab, wie klug Sie sie einsetzen. Fragen Sie sich immer: Was erfordert die Situation?

Für Ihren weiteren Weg

Als abschließende Übung zu Ihren Denkmustern sollten Sie sich Ihre Gedanken als Autos vorstellen. Sie selbst sitzen als Zuschauer am Straßenrand und beobachten die vorbeifahrenden Autos. Diese sehen alle unterschiedlich aus und fahren in verschiedenen Geschwindigkeiten an Ihnen vorbei. Sie werden erkennen, dass es sich bei vielen Gedanken um immer wiederkehrende Impulse handelt. In regelmäßigen Abständen wird also immer das gleiche gelbe Auto an Ihnen vorbeifahren. Beobachten Sie dieses und führen Sie über den Tag hinweg eine Strichliste für jedes Mal, wenn es auftaucht. Wenn Sie Ihre immer wiederkehrenden Gedanken schon frühzeitig erkennen, können Sie bewusst versuchen, diese zu eliminieren und sich dadurch von unnötigem Ballast befreien. Versuchen Sie also jedes Mal, wenn ein bestimmter überflüssiger Gedanke auftaucht, diesen direkt weiterziehen zu lassen und ihm keine weitere Bedeutung zu geben. So lernen Sie, schon aus der Ferne das gelbe Auto erkennen zu können, und haben die Möglichkeit zu entscheiden, ihm keine Aufmerksamkeit zu schenken und es einfach passieren zu lassen.

Welcher Angsttyp bin ich?

Jeder Mensch ist in individuellem Maße belastbar und kann somit besser oder schlechter mit herausfordernden Situationen oder Schicksalsschlägen umgehen. Während der eine stets Ruhe bewahren und mit gewissen Gegebenheiten rational umgehen kann, neigt der andere dazu, Situationen zu katastrophisieren – sich also auszumalen, was alles schief gehen könnte. Forscher bezeichnen die Fähigkeit, auf Krisen mit Zuversicht zu reagieren, als Resilienz. Resiliente Menschen sind aufgrund ihrer inneren Stärke sehr belastbar und haben die Kraft, schwierige und angsteinflößende Situationen besser auszuhalten und zu verarbeiten.

Um vorab ein Gefühl für Ihre Resilienz und Ihren Umgang mit Angst zu bekommen, überlegen Sie sich ein Szenario, das Ihnen zuletzt Sorgen und/oder Angst gemacht hat. Beschreiben Sie kurz diese Situation.

- Wer oder was hat diese Situation verursacht?

- Nennen Sie drei Gefühle, die Sie infolgedessen durchlebt haben (Wut, Angst, Stress, Neugier, Angespanntheit etc.)?

- Nennen Sie drei Handlungen/Aktionen, die Sie durchgeführt haben (z. B. Freunde anrufen, Darüber reden, Weinen, Pro-Kontra Listen aufstellen, Die Zukunft vorhersagen, Schwarzmalerei etc.).

- Welche Konsequenzen haben Sie sich ausgemalt?

- Was hätte im schlimmsten Fall passieren können?

- Wie hätten Sie besser auf die Situation reagieren können?

Testen Sie, wie Sie mit herausfordernden oder beängstigenden Situationen im Leben umgehen und erfahren Sie, wie Sie resilienter werden.

KREUZEN SIE IMMER DIE ANTWORT AN, DIE AUF SIE AM EHESTEN ZUTRIFFT.

1. Klettern ohne Seil an steilen Felswänden: Ein Fehltritt und es folgt der Absturz. Sie sehen dazu ein Video und denken:

- Wahnsinn, die sind wohl lebensmüde! D
- Da muss jeder Griff vorab genau überlegt werden. A
- Das verlangt eine unglaubliche Körperbeherrschung. C
- So etwas kann ich mir gar nicht ansehen! B

2. Ängste werden professionell mit unterschiedlichen Methoden behandelt. Welche würden Sie am ehesten wählen?

- In der Psychoanalyse geht man den frühen Ursachen von Ängsten auf den Grund. A
- In der Verhaltenstherapie konfrontiert man Sie mit der angstauslösenden Situation. C
- In der Gesprächstherapie werden Ihre Angstgefühle behutsam bearbeitet. B
- In der Hypnosetherapie verankert man positive Einstellungen in Ihnen. D

3. Sprüche über die Angst: Welchem stimmen Sie am meisten zu?

- »Der Unwissende hat Mut, der Wissende hat Angst.« Alberto Moravia A
- »Wer nicht täglich seine Furcht überwindet, hat die Lehren des Lebens nicht gelernt.« Ralph Waldo Emerson C
- »Wenn einer keine Angst hat, hat er keine Fantasie.« Erich Kästner D
- »Die Angst vor dem Leid ist schlimmer als das Leid selbst.« Volksmund B

4. Sie lesen einen Krimi. Welchen Kommissar finden Sie am besten?

- »Zugriff!« Kommissar Sander entsicherte seine Pistole. Die Spezialeinheit stürmte vor. Der Clanchef war völlig überrascht und leistete keinen Widerstand. C
- »Bin ich denn nur von Ignoranten umgeben?« Wütend schlug Kommissar Mehring auf den Schreibtisch. »Ein Kind ist in Gefahr, und Sie sitzen hier noch entspannt herum!« D
- »Nun, was hat die Autopsie ergeben?« Kommissar Kreuzer überflog den Bericht. »Das dachte ich mir. Die Symptome deuteten schon auf dieses mexikanische Gift hin.« A
- Kommissar Walter strich der Frau tröstend über den Rücken. »Beruhigen Sie sich. Vielleicht ist Ihr Mann aufgehalten worden und steht heute Abend wieder munter vor der Tür.« B

5. Eine gute Freundin ist verlassen worden und leidet furchtbar unter Liebeskummer. Wie trösten Sie sie?

- »Du musst etwas essen. Komm, ich lade dich zum Italiener ein.« C
- »Jetzt schreib mal alles auf, was negativ an dem Kerl war.« A
- »Wein dich ruhig bei mir aus, ich kann dich so gut verstehen.« D
- »Kopf hoch! Es gibt nicht nur eine große Liebe.« B

6. In den Medien werden wir mit Schreckensnachrichten überflutet. Wie gehen Sie vorwiegend damit um?

- Ich nutze Dokus und Sondersendungen zur weiteren Information. A
- Ich höre oder sehe kaum noch Nachrichten. B
- Bei furchtbaren Bildern schalte ich aus. D
- Ich wähle gezielt, was ich mir ansehe oder anhöre. C

7. **Die Welt scheint aus den Fugen geraten zu sein: Kriege, Klimakatastrophe, Inflation. Wie sehen Sie in die Zukunft?**
- Ich mag gar nicht dran denken, was da alles auf uns zukommt. **B**
- Mich machen die drohenden Katastrophen völlig fertig. **D**
- Ich hoffe, dass das endlich mit Vernunft angegangen wird. **A**
- Ich engagiere mich, wo es möglich ist. **C**

8. **Unsere größte Angst ist die vor dem Tod. Wie denken Sie darüber?**
- Sterben müssen wir alle. Also kein Grund, sich verrückt zu machen. **A**
- Ich denke einfach nicht daran. **B**
- Ich habe eine Patientenverfügung und/oder ein Testament. **C**
- Mich quält oft die Angst, dass mir oder meinen Lieben etwas passiert. **D**

9. **Sie sollen einen Vortrag vor großem Publikum halten. Kein Wunder, dass Sie Lampenfieber haben. Wie bekämpfen Sie es?**
- Ich bewege mich, das baut den Stress ab. **C**
- Ich bereite mich extrem gut vor. **A**
- Ich rede mit Menschen, die mich ermutigen, oder spreche mir selbst Mut zu. **D**
- Ich lenke mich ab, etwa mit einem Film oder einem Buch. **B**

10. **Angst ist für Sie vor allem …**
- … ein quälendes Gefühl, das einem die Lebensfreude raubt. **D**
- … eine Bremse, die einen daran hindert, Chancen zu ergreifen. **C**
- … etwas, von dem man sich möglichst nicht bestimmen lassen sollte. **B**
- … ein genetisch bedingtes Alarmsystem für Gefahr. **A**

Testauswertung

Zählen Sie zusammen, wie oft Sie die Buchstaben A, B, C und D angekreuzt haben. Die Auflösung finden Sie unter dem Buchstaben, den Sie am häufigsten gewählt haben. Haben Sie mehrere Buchstaben gleich häufig angekreuzt, lesen Sie zunächst Auflösung E.

A DER INFORMATIONSTYP

In Krisen ist Ihr kluger Kopf Ihr bester Verbündeter. Klar, auch Sie sind zunächst verunsichert, wenn Sie zum ersten Mal mit negativen Tatsachen konfrontiert werden, etwa über die Medien oder durch Experten. Aber dann wollen Sie es genauer wissen und arbeiten sich in die Materie ein. Dabei nutzen Sie sämtliche Möglichkeiten, um Hintergrundinformationen zu bekommen. Sie entwickeln eine eigene Meinung, auch wenn die eventuell vom Mainstream abweicht. Bestens informiert, lassen Sie sich nicht verunsichern.

Vorteil: Sie schätzen die Gefahr richtig ein.

Nachteil: Ihre Kenntnisse machen Sie missionarisch.

Tipp

Entspannen Sie sich! Schalten Sie auch mal ab. Gegen einen rauchenden Kopf helfen Sport, Musik oder Unternehmungen mit Familie und Freunden. Sie neigen dazu, sich an einem Problem festzubeißen. Achten Sie darauf, sich bewusst auch mit positiven Themen zu beschäftigen. Seien Sie tolerant. Versuchen Sie nicht, Ignoranten von Ihrer Meinung zu überzeugen. Das ist erfahrungsgemäß sinnlos.

B DER VERMEIDUNGSTYP

Sie wissen natürlich, dass Dramatisches in der Welt und in Ihrem Leben geschehen kann, aber Sie haben einen inneren Schutz entwickelt, um sich davon weniger betroffen zu fühlen. Ihre Zuversicht: »Es wird schon nicht so schlimm kommen. Und wenn, dann werde ich schon noch aktiv.« Damit beschwichtigen Sie sich und andere. Sie setzen auf das Prinzip Hoffnung. Auf diese Weise lassen Sie die Angstauslöser nicht so dicht an sich heran.

Vorteil: Das schont Ihre Nerven und Ihre Psyche.

Nachteil: Sie sind möglicherweise unvorbereitet, wenn es anders kommt.

Tipp

Gewinnen Sie Sicherheit! Für Sie ist der realistische Optimismus ideal: zuversichtlich bleiben, aber die Fakten trotzdem nicht ignorieren. Um sich zur Vorsorge zu motivieren, malen Sie sich den schlimmsten Fall aus. Entwickeln Sie dafür einen Plan mit kleinen Schritten, der Sie nicht überfordert.

C DER AKTIONSTYP

Ihnen ist wohl bewusst, dass Sie auf viele angstauslösende Bedingungen keinen Einfluss haben. Das macht Sie oft traurig und wütend, aber keineswegs passiv. Sie warten nicht darauf, dass sich die Dinge von selbst regeln. Ihr Mittel gegen die Angst: wenigstens im Kleinen an einer Veränderung oder Verbesserung mitzuwirken. Etwa indem Sie Energie sparen oder in einem Ehrenamt Not lindern. In eigenen Belangen sehen Sie der Gefahr mutig ins Auge und fragen sich konkret: »Was ist zu tun?«

Vorteil: Sie behalten Ihre Selbstbestimmung.

Nachteil: Sie übernehmen sich, weil Sie alles im Griff haben wollen.

Tipp

Üben Sie Gelassenheit! Ihre Vorbereitung muss nicht perfekt sein. Sagen Sie sich wieder einmal: Gut ist gut genug. Übernehmen Sie nicht die gesamte Verantwortung. Beziehen Sie Ihr Umfeld zur Unterstützung ein. Rechnen Sie zur mentalen Entlastung auch mit einer unerwarteten Wendung, frei nach dem Spruch: »Sei realistisch, glaub an Wunder.«

D DER AUFREGUNGSTYP

Sie sind ein empathischer Mensch. Wenn Sie in den Medien das Leid infolge von Kriegen und Katastrophen sehen, dann bedrücken und verfolgen Sie die Bilder noch lange. Ihre Fantasie – sonst Ihre liebste Verbündete – wendet sich im Ernstfall gegen Sie. Für die Welt entwickeln Sie unter bedrohlichen Umständen ein Horrorszenario, an dem Steven Spielberg seine helle Freude hätte. Das gilt auch für Ihre persönliche Zukunft.

Vorteil: Ihre Sensibilität macht Sie hellwach.

Nachteil: Sie reagieren leicht panisch oder hektisch.

Tipp

Beruhigen Sie sich! Gehen Sie in die Natur. Notfalls tut es auch ein Spaziergang im Park. Sie werden spüren, wie heilsam das ist. Machen Sie Nachrichten-Detox. Nehmen Sie nur die nötigsten Informationen auf. Überlegen Sie, was Ihnen guttut. Sie brauchen Freude als Gegengewicht.

E SIE BEGEGNEN ÄNGSTEN FLEXIBEL

In Bezug auf Bedrohungen zeigen Sie unterschiedliche Reaktionsweisen. Die können sich sogar widersprechen. Das hängt zum einen von Ihrer vielseitigen Persönlichkeit ab, zum anderen davon, als wie bedeutungsvoll Sie die Situation einschätzen. Für Sie ist es wichtig, das passende Verhalten zu wählen. Mal kann Planen oder Handeln gefragt sein, mal ist Ignorieren die beste Wahl. Lesen Sie Ihre Optionen unter den Buchstaben nach, die Sie gleich häufig gewählt haben.

Für Ihren weiteren Weg

Abschließend können Sie die folgende Schreibübung durchführen. Sie soll Ihnen dabei helfen, Ihre Ängste besser verstehen und ablegen zu können.

1. Zu Beginn müssen Sie die Entscheidung treffen, Ihre Ängste zu erkennen und zu überwinden. Denn oftmals sind die Ängste nicht real und manipulieren unser Denken und Handeln. Man muss sich also aktiv dazu entscheiden, sich der Angst nicht hinzugeben und sich nicht davon beeinflussen zu lassen. Sich zu entscheiden, etwas gegen die Angst zu tun, ist ein grundlegender Schritt, um Verantwortung für die eigenen Gefühle zu übernehmen.
2. Schreiben Sie also konkret auf, welche Angst Sie überwinden wollen. (Beispiel: »Ich entscheide mich, die Angst, mich zu blamieren, zu überwinden!«)
3. Anschließend müssen Sie Ihren Ängsten Raum geben. Denn nur, wenn das Angstgefühl vollumfänglich wahrgenommen und begriffen wird, kann damit adäquat umgegangen werden. Setzen Sie sich also hin und nehmen Sie sich Stift und Papier und schreiben Sie zehn Minuten lang auf, wovor Sie Angst haben. Schreiben Sie außerdem auf, was die Angst mit Ihnen macht. Seien Sie dabei unbedingt ehrlich mit sich und lassen nichts von dem aus, was Ihnen durch den Kopf geht.
4. Im nächsten Schritt müssen Sie Ihre Ängste ins Lächerliche ziehen. Denn etwas, das von Ihnen als lächerlich empfunden wird, verliert seinen Schrecken und macht Ihnen in der Regel keine Angst mehr. Vielleicht schmunzeln Sie am Ende sogar ein bisschen darüber. Es geht dabei darum, ihre Ängste zu übertreiben. Schreiben Sie dafür in sehr theatralischen und dramatisierenden Sätzen Ihre Ängste nieder.
5. Schauen Sie sich abschließend Ihre Angst-Reflexion nochmals an. Machen Sie sich bewusst, dass die Angst, die Sie vorher aufgewühlt hat, nun aufgedeckt und darüber hinaus auch noch ins Lächerliche gezogen wurde. Zum Abschluss sollten Sie manifestieren, dass Sie dieser Angst nicht mehr den Raum und die Macht geben wollen, Ihre Gedanken und Aktionen zu beeinflussen. Schreiben Sie wiederholt Sätze auf wie »Ich sehe meine Angst.« / »Das ist meine Angst.« / »Das bin nicht ich.« / »Meine Angst ist nur ein kleiner Teil von mir.« / »Ich bin größer als meine Angst.«

MEIN INNERES IM AUSSEN

Wie gut verstecke ich mein wahres Ich?

Wie gut spüren Sie sich? Kennen Sie Ihre eigenen Wünsche und Bedürfnisse? Wie genau wissen Sie, was Sie gerade brauchen und wie Sie sich fühlen? Wir verbiegen und verstellen uns und schlüpfen in verschiedene Rollen, um die Erwartungen unserer Mitmenschen zu erfüllen. Denn von klein auf wurde uns suggeriert, wie wir zu sein haben. Das ist oftmals anstrengend und kann dazu führen, dass Betroffene sich immer weiter von ihrem wahren Ich entfernen und sich selbst nur noch dann spüren können, wenn sie alleine sind. Befinden wir uns auf Dauer in Situationen, in denen wir glauben, von unserem Selbst abweichen zu müssen, um Erwartungshaltungen zu erfüllen, kann der Kontakt zu unserem wahren Ich auch ganz verloren gehen, oder nur noch sehr schwer herzustellen sein. Es ist also wichtig, in steter Verbindung mit seinem Inneren zu stehen und die eigenen Gefühle und Bedürfnisse wahrzunehmen, um bestmöglich für sich sorgen zu können.

Um vorab ein Gefühl für Ihr wahres Ich zu bekommen, reflektieren Sie sich selbst und beantworten Sie die folgenden Fragen:

- Was sind Ihre Schwächen?
- Was sind Ihre Stärken?
- Was sind Ihre Glaubensätze (z. B. »Ich bin nicht gut genug« / »Ich bin zu dick« / »Ich kann das sowieso nicht« / »Ich bin nicht interessant« etc.)?
- Was sind Herausforderungen für Sie?
- Gibt es Personen, bei denen Sie das Gefühl haben, ganz Sie selbst sein zu können?

- Gibt es Personen, bei denen Sie das Gefühl haben, nie Sie selbst sein zu können?
- Gibt es Situationen und Orte, in und an denen Sie das Gefühl haben, ganz Sie selbst sein zu können?
- Gibt es Situationen und Orte, in und an denen Sie das Gefühl haben, nie ganz Sie selbst sein zu können?

KREUZEN SIE IMMER DIE ANTWORT AN, DIE AUF SIE AM EHESTEN ZUTRIFFT.

1. Angenommen, Sie hätten mit 18 Jahren Ihren Eltern erklärt: »Ich werde Schauspieler«. Wie hätten die wohl reagiert?

- Lerne erst einmal etwas Anständiges, dann kannst du das später immer noch machen. C
- Wenn du meinst, dass dein Talent dafür reicht, versuch es. B
- Was für eine Schnapsidee. Davon kann man doch nicht leben. A

2. Jeder hat so seine Schwächen. Kreuzen Sie hier bitte alles an, was auf Sie zutrifft:

- Ich trinke abends regelmäßig Alkohol zur Entspannung. B
- Ich bin Raucher. B
- Ich habe einige Kilos zu viel. B

3. Sie haben hervorragende Arbeit geleistet. Großes Lob auch von den Kollegen! Sie ...

- ... winken ab: »Ich habe einfach Glück gehabt.« A
- ... lächeln: »Vielen Dank!« C
- ... sagen: »Das war auch ein nettes Stück Arbeit!« B

4. Der Dichter Ödön von Horvath klagte: »Eigentlich bin ich ganz anders, nur komme ich so selten dazu.« Was sagen Sie zu dieser Erfahrung?

- Selbst schuld! B
- Als soziales Wesen kommt man nicht umhin, sich seiner Umgebung anzupassen. A
- Das kommt darauf an, wie gut man einzelne Rollen ausfüllen möchte. C

5. Viele erfolgreiche und tüchtige Menschen leiden unter dem Impostor-(Hochstapler-)Syndrom: Im Grunde Ihres Herzens

glauben Sie, Sie seien nicht gut genug, und irgendwann würden die anderen es herausfinden. Kennen Sie das auch?

- In manchen Fällen habe ich tatsächlich das Gefühl, dass ich nur bluffe. C
- Ich weiß, was ich kann und was nicht. B
- Das Gefühl kenne ich nur zu gut. A

6. Bei wie vielen Menschen können Sie ganz ungezwungen sein – und einfach mal heulen, schimpfen, jammern?

- Bei 2 bis 3 Menschen. C
- Bei mehr als 3 Menschen. B
- Bei niemandem oder bei einem. A

7. In einer TV-Sendung diskutieren Psychologen über Einsamkeit. Welche Aussage spiegelt Ihre eigene Erfahrung am ehesten wider?

- Einsamkeit kommt im Leben immer mal wieder vor. Ob sie anhält, liegt an einem selbst. B
- Einsamkeit ist ein Grundgefühl, das oft aus der Kindheit stammt. Dann fühlt man sich sogar in Gesellschaft innerlich isoliert. A
- Man fühlt sich einsam, wenn man unter Menschen ist, die so ganz anders sind als man selbst. C

8. Bitte denken Sie an eine Situation, in der Sie jemandem zuletzt einen größeren Gefallen getan haben. Ganz ehrlich: Was war Ihr Motiv?

- Ich konnte nicht »Nein« sagen. A
- Es entsprach meinem Wunsch, zu helfen. B
- Mir lag an einem guten Image. C

9. Glauben Sie an ein Leben nach dem Tod – oder ist dann alles vorbei?

- Wir haben nur dieses eine Leben. B
- Ich glaube daran, dass es weitergeht. A
- Man weiß es nicht, am besten stellt man sich auf beides ein. C

10. Wie groß ist Ihre Freiheit, gemäß Ihren eigenen Werten, Überzeugungen, Gedanken und Gefühlen zu leben?
1 = sehr gering, 10 = sehr groß

- 1-4 A
- 5-7 C
- 8-10 B

11. Hand aufs Herz: Lieben Sie ihre Arbeit, obwohl sie manchmal anstrengend ist?

- Manches macht mir richtig Freude. C
- Sie ist meine Berufung. B
- Meine Arbeit ist für mich eher Broterwerb. A

12. Angenommen, morgen ist Ihr letzter Tag auf diesem Planeten. Was sagen Sie dann wohl?

- Schade, jetzt habe ich einiges verpasst. C
- Mein Leben hat allen gefallen, nur mir nicht. A
- Nicht weinen, weil es vorbei ist. Lächeln, dass es so schön war. B

Testauswertung

Geben Sie sich für jedes
A = 3 Punkte
B = 1 Punkt
C = 2 Punkte

Zählen Sie Ihre Punkte zusammen. Die Auflösung finden Sie unter dem entsprechenden Punktewert.

11-19 Punkte: SIE ZEIGEN OFFEN IHR WAHRES SELBST

Alle Achtung, Sie trauen sich etwas. Es erfordert eine Portion Mut, ehrlich zu zeigen, was man fühlt. Mut braucht es auch, sich für seine Träume einzusetzen, anstatt sehnsüchtig darauf zu hoffen, dass sie sich irgendwann schon erfüllen werden. Woran das liegt? Vielleicht sind Sie schon von Haus aus selbstbewusst und haben kein Problem damit, sich so zu geben, wie Sie sind. Möglicherweise ist es aber auch das Resultat eines längeren Reifeprozesses: Sie haben im Laufe der Zeit erkannt, dass Sie nur glücklich sind, wenn Sie sich selbst treu bleiben und wenn Sie sich aktiv für Ihre Herzenswünsche engagieren. Mit dieser Haltung exponieren Sie sich. Entsprechend zwiespältig ist die Resonanz in Ihrer Umgebung. Die einen bewundern Ihre Authentizität und nehmen Sie gerne zum Vorbild. Die anderen dagegen fühlen sich provoziert oder sind neidisch, weil sich da jemand etwas herausnimmt, was sie sich heimlich wünschen. Es besteht auch die Gefahr, dass man Ihre emotionalen Informationen gegen Sie kehrt.

So schützen Sie sich vor negativen Reaktionen

Wenden Sie an, was in der Psychologie als »selektive (ausgewählte) Offenheit« bezeichnet wird: Überlegen Sie vorher, wem Sie was und wie viel von sich zeigen. Das ist keine falsche Anpassung, sondern ein Gebot der Klugheit. Ihre tiefen Gefühle und individuellen Pläne sollten vertrauten Menschen vorbehalten bleiben.

20-28 Punkte: MANCHMAL VERSTECKEN SIE IHR WAHRES SELBST

Sie kennen sich selbst recht gut, Sie wissen um Ihre Stärken und Schwächen. Damit haben Sie beste Voraussetzungen, das Leben Ihrer Träume zu führen, gemäß dem Motto: »If you can dream it, you can make it.« Das gelingt Ihnen auch schon ganz gut. In allen wichtigen Bereichen hören Sie auf Ihre innere Stimme und gehen Ihren Weg, manchmal auch gegen Widerstände. Von daher ist es verwunderlich, dass Ihr Selbst im Umgang mit anderen in manchen Situationen kaum zu erkennen ist. Dann erscheinen Sie plötzlich angepasst und halten mit Ihrer Meinung oder Ihren vermeintlich negativen Gefühlen hinterm Berg. Der Schlüssel dazu liegt weniger in den äußeren Umständen als vielmehr in Ihren Glaubenssätzen. Wir alle verinnerlichen schon in frühen Jahren, was richtig oder falsch ist und wie man sich verhalten soll. Sie scheinen da einiges aufgenommen zu haben, das Ihr Selbst immer mal wieder ausbremst. Etwa, dass man sich nicht in den Vordergrund spielen darf. Oder dass es gefährlich ist, sich eine Blöße zu geben.

So lösen Sie diese Bremsen

Hinterfragen Sie Ihre inneren Regeln: Woher kommen sie, wer hat sie Ihnen vermittelt? Stimmen sie wirklich? Immer noch? Und nutzen sie Ihnen – oder nur den anderen? Verabschieden Sie sich von überholten Vorstellungen. Sie haben alles Recht der Welt, ganz Sie selbst zu sein.

29-36 Punkte: SIE VERBERGEN IHR WAHRES SELBST

Wenn Sie ganz für sich sind, hat Ihr Selbst eine reelle Chance, sich zu zeigen. Dann fühlen Sie sich entspannt, kreativ und lebendig, weil Sie niemandem zuliebe etwas beweisen oder tun müssen. Ebenso gelingt es Ihnen bei Menschen, die Ihnen nahestehen. Mit diesen können Sie Spaß haben, zusammen schweigen oder auch mal offen jammern, ohne das Gefühl zu haben, sich schützen zu müssen. Doch außerhalb dieses sicheren Bereiches setzen Sie ihrem Selbst meist die Tarnkappe auf. Je nach Naturell und Erziehung sind Sie vielleicht ausgesprochen liebenswürdig, es fällt Ihnen schwer, »Nein« zu sagen – auch gegen Ihre eigenen Interessen. Oder Sie strengen sich mächtig an, Ihre Rolle auszufüllen und immer möglichst perfekt und loyal zu sein. Jedenfalls legen Sie den Fokus mehr auf Ihre Wirkung als auf Ihre Bedürfnisse. Das kommt nicht von ungefähr. Dahinter kann die heimliche Angst stecken, sich unbeliebt zu machen. Vielleicht fürchten Sie aber auch einfach nur, kritisiert zu werden. Es wird Zeit, dass Sie Ihre eigenen Vorstellungen und Wünsche ernst nehmen und diese in den Mittelpunkt rücken.

So gelingt es Ihnen, Ihr wahres Selbst mehr zu zeigen

Fragen Sie sich in wichtigen Situationen: Was will ich jetzt? Was brauche ich? Und was fühle ich? Im nächsten Schritt müssen Sie dann konsequent üben, das auch auszudrücken. Sagen Sie sich immer wieder: Das ist notwendige Selbstliebe!

Für Ihren weiteren Weg

Um sich selbst, seine Gefühle und Bedürfnisse besser wahrnehmen zu können, müssen wir achtsamer werden. Nur dadurch können wir das Wissen über unser Inneres stärken und so zum höchsten Wohle unserer selbst agieren. Die nachfolgenden Fragen sind daher als Übung zur Steigerung der Selbstwahrnehmung zu verstehen, die Ihnen dabei helfen sollen, besser in sich hineinzuspüren und die Verbindung zu Ihrem Inneren zu fördern. Nehmen Sie sich ein paar Minuten Zeit, in denen Sie innehalten, in sich gehen und sich nur auf sich konzentrieren.

- Was kann ich riechen? (Identifikation aller vorhandenen Gerüche)
- Was kann ich hören? (Identifikation aller nahen und fernen Geräusche)
- Was spüre ich auf meiner Haut? (Kleidung / Schmuck / Sitzunterlage etc.)
- Was kann ich sehen? (Gegenstände, Farben, Formen etc.)
- Wie ist mein Herzschlag? (Frequenz / Körperstelle etc.)
- Wie ist meine Atmung? (Geschwindigkeit / flach oder tief etc.)
- Wie ist die Temperatur?
- Wo in meinem Körper fühlt es sich angenehm und wo unangenehm an?

Welche Maske trage ich?

Zunächst einmal Entwarnung: Der Begriff Maske hat nicht per se mit Falschheit zu tun. Für uns alle gilt, dass wir im Umgang mit anderen Menschen eine Maske tragen. Es handelt sich dabei um die Facette unserer Persönlichkeit, die wir besonders häufig zeigen. Unser soziales Leben funktioniert deshalb relativ reibungslos, weil wir in der Lage sind, unser Auftreten zu kontrollieren. Es würde auf eine psychische Störung hinweisen, wenn wir unser Inneres allzu oft bloßlegten. Also verbergen wir intime Gefühle oder aktuelle Zustände sinnvollerweise hinter einer Maske. Sie hilft auch in Situationen, in denen wir uns unsicher oder aufgeregt fühlen. Dann greifen wir auf bewährte Verhaltensweisen zurück. Die Maske, die wir wählen, ist kein Fremdkörper, sie ist Teil unserer Persönlichkeit. Unbewusst suchen wir diejenige aus, die am besten zu uns passt. Was wir wählen, hängt von unseren Eigenschaften, unserem Temperament und unseren Lebensbedingungen ab. Kritisch wird es erst dann, wenn wir eine Maske nicht mehr ablegen können und sie auch gegenüber Vertrauten zeigen. Oder wenn wir in Situationen an ihr festhalten, in denen eine andere Seite von uns gefragt ist. Dann verhindert sie eine authentische Kommunikation und die Entfaltung unserer Persönlichkeit.

Um vorab ein Gefühl dafür zu bekommen, welcher Gestalt das Tragen einer Maske bei Ihnen ist, sollten Sie in sich gehen und versuchen, Situationen und Personen zu identifizieren, in oder bei denen Sie nicht Ihr Wahres Ich zeigen können oder wollen. Versuchen Sie zu beschreiben, warum Sie in bestimmten Situationen eine Maske aufsetzen (z. B. Sicherheit, Kontrolle, Anerkennung etc.). Versuchen Sie auch die Maske – also die Differenz zwischen Ihrem wahren Ich und Ihrem Auftreten und den Handlungen im Außen – zu beschreiben.

Testen Sie nun, welche Maske Sie vorwiegend aufsetzen, und erfahren Sie, was Sie gegen eine dauerhafte Schutzmaske tun können.

KREUZEN SIE IMMER DIE ANTWORT AN, DIE AUF SIE AM EHESTEN ZUTRIFFT.

1. Ein Kollege kritisiert Ihre Leistung: »Das war aber nicht optimal!« Wie reagieren Sie?

- Sie werden unsicher und überlegen, ob an der Kritik etwas dran ist. A
- Sie kontern: »Ach ja? Wie hättest du es denn besser gemacht?« C
- Sie winken ab: »Das ist Ansichtssache.« D
- Sie erkundigen sich: »Was genau hat dir denn daran nicht gefallen?« B

2. »Die Masken der Niedertracht« lautet der Titel des Bestsellers der Psychotherapeutin Marie France Hirigoyen. Welche Menschen finden Sie besonders niederträchtig?

- Finanzberater, die ahnungslosen Kunden unter dem Deckmantel der Professionalität unseriöse Geldanlagen aufschwatzen. B
- Falsche Freunde, die sich Vertrauen erschleichen und dieses dann ausnutzen. D
- Liebesbetrüger im Netz, die die Sehnsucht einsamer Opfer ausnutzen, um Geld von ihnen zu bekommen. A
- Arbeitgeber, die Praktikanten einstellen und sie mit der scheinheiligen Aussicht auf eine Festanstellung schuften lassen. C

3. Fantastisch – einmal die oder der Größte sein! In welcher Situation wären Sie es am liebsten?

- Oscar-Verleihung: Sie sind der Star eines Blockbusters. Bei der Überreichung der Statue bekommen Sie Standing Ovations. C
- Auf dem Klima-Gipfeltreffen halten Sie eine so beeindruckende

Rede, dass sogar Donald Trump seine Umweltpolitik noch einmal überdenkt. B

- Als *Unicef*-Botschafter bringen Sie reiche Sponsoren dazu, Millionen für das Kinderhilfswerk zu spenden. A
- Sie haben ein Lied für den Eurovision Song Contest geschrieben. Ihr Beitrag gewinnt und wird der Sommerhit. D

4. Ein dreister Autofahrer schnappt Ihnen den Parkplatz vor der Nase weg. Wie reagieren Sie?

- Sie steigen aus und sagen: »Nur zu Ihrer Information: Es ist höflich, einem Auto, das schon länger wartet, den Parkplatz zu überlassen.« B
- Sie rufen ärgerlich durchs Fenster: »Geht's noch? Wir sind doch hier nicht beim Autoskooter!« D
- Sie sind wütend, sagen aber lieber nichts. Man weiß ja, wie schnell so etwas eskalieren kann. A
- Sie fahren sofort weiter. Mit solchen Typen lassen Sie sich gar nicht erst auf eine Diskussion ein. C

5. Erde, tu dich auf! Welche Situation ist Ihnen besonders unangenehm?

- Sie glauben, man habe Sie zu einer zwanglosen Grillparty eingeladen und kommen in Jeans. Irrtum! Alle anderen Gäste sind in festlicher Garderobe erschienen. B
- Beim Treffen mit einem wichtigen Kunden stellen Sie fest, dass Sie sämtliche Unterlagen zu Hause vergessen haben. Sie müssen improvisieren. C
- Sie machen gerade vor Kollegen kabarettreif Ihre Chefin nach. Alles brüllt vor Lachen. Da steht sie plötzlich hinter Ihnen. D
- Sie nehmen an einem Meditationskurs teil. Die Teilnehmer versenken sich, tiefes Schweigen. Plötzlich bekommen Sie einen Hustenanfall. A

6. **Am liebsten würden Sie die Straßenseite wechseln, doch es ist schon zu spät: Eine Bekannte, die Sie ziemlich unsympathisch finden, kommt auf Sie zu und streckt Ihnen strahlend die Hand entgegen. Sie …**

- … begrüßen sie kurz und entschuldigen sich: »Ich habe es leider eilig.« **C**
- … machen gute Miene zum bösen Spiel und erkundigen sich, wie es ihr geht. **A**
- … sagen sich: »Da muss ich jetzt durch« und lächeln: »Na, auch unterwegs?« **D**
- … reagieren höflich, bleiben aber doch zurückhaltend. **B**

7. **Sie arbeiten an einem Animationsfilm: Hase Bunny macht einen Ausflug in einen unbekannten Wald. Zum Schutz nimmt er die Maske eines anderen Tieres mit. Welche soll er Ihrer Meinung nach im Notfall aufsetzen?**

- Die Eichhörnchen-Maske **D**
- Die Wildschwein-Maske **C**
- Die Hirsch-Maske **A**
- Die Fuchs-Maske **B**

8. **Auf der Geburtstagsfeier von Freunden langweilen Sie sich. Das Gespräch kreist um Themen, die Sie überhaupt nicht interessieren. Sie …**

- … bleiben aus Freundschaft, bis sich der erste Gast verabschiedet. **A**
- … versuchen, ein anderes Thema ins Spiel zu bringen. **B**
- … halten sich am Buffet und an den Getränken schadlos. **D**
- … bleiben eine Anstandszeit und sagen dann, Sie hätten leider noch eine dringende Verpflichtung. **C**

9. **Authentisch sein heißt vor allem, dass man …**

- … offen seine Meinung sagt. **C**

- ... sich natürlich gibt. D
- ... sich treu bleibt. B
- ... zu seinen Werten steht. A

10. **In Meetings oder Teambesprechungen mit Chefs und Kollegen ...**
- ... reden Sie einfach mit. Die anderen kochen auch nur mit Wasser. D
- ... formulieren Sie innerlich lange an einem perfekten Beitrag. B
- ... haben Sie sich gut vorbereitet und führen das Wort. C
- ... nehmen Sie hauptsächlich auf die Beiträge Bezug. A

11. **Beim Vorstellungsgespräch zeigen Sie sich von Ihrer besten Seite:**
- Sie signalisieren durch Hinweise auf Ihre bisherigen Leistungen, dass Sie die optimale Besetzung für diese Stelle sind. C
- Sie hören aufmerksam zu und vermitteln durch wohldosierte Zustimmung, dass Sie voll auf der Linie der Firma liegen. A
- Sie haben sich vorab über die Firma informiert und bringen Ihr Wissen geschickt ein. B
- Sie geben sich sympathisch, freundlich und aufgeschlossen. D

12. **Wir bremsen uns im Leben oft selbst aus. Auf welche Weise haben Sie sich selbst bisher am meisten boykottiert?**
- Ich habe mir vieles zu sehr zu Herzen genommen. A
- Ich habe Entscheidungen oft zu lange hinausgezögert. B
- Ich habe zu viel Verantwortung für andere übernommen. C
- Ich habe geglaubt, dass sich die Dinge schon von selbst regeln werden. D

13. **Beim Psychoanalytiker auf der Couch reden Patienten über ihre Kindheit. Wen verstehen Sie am besten?**
- »Ich habe mich immer bemüht, lieb zu sein und meinen Eltern das Leben nicht schwer zu machen.« A

- »Unsere Familienverhältnisse haben mich gezwungen, früh selbstständig zu werden.« C
- »Als Kind ist es mir immer gelungen, meine Umgebung zum Lachen zu bringen.« D
- »In unserer Familie war es nicht üblich, Gefühle zu zeigen.« B

14. Ihr Tag war stressig, Sie sind erschöpft. Freunde rufen an und wollen Sie spontan auf eine Party mitnehmen. Wie formulieren Sie ihre Absage?

- Sonst immer gern, aber für heute hatte ich schon genug Trubel. C
- Ich wünsche euch viel Spaß! Das Einzige, was bei mir heute noch läuft, ist der Krimi im Fernsehen. D
- Danke für die Einladung. Heute Abend passt es nicht, ich bin zu müde. B
- Riesig nett von euch, aber ich bin heute Abend wirklich nicht in Stimmung. A

15. Womit kann man Sie am ehesten überreden, eine Aufgabe zu übernehmen?

- »Damit kennt sich doch keiner so gut aus wie du!« B
- »Du bist dafür einfach der Beste.« C
- »Bitte, wir brauchen dich!« A
- »So etwas machst du doch mit links!« D

16. Sie sind die erste Wahl für Ihren Traumjob. Am Ende des Bewerbungsgesprächs sagt der Personalchef: »Da wäre noch unser üblicher Motivationscheck. Wir erwarten, dass Sie einen Tag lang im Clownskostüm in der Fußgängerzone auftreten.« Sie ...

- ... sagen sich: »Das ist ja nur ein Tag. Mache ich mich halt zum Horst.« D
- ... finden das zwar total entwürdigend, aber der Job ist es Ihnen wert. A
- ... fragen betont souverän: »Mach ich. Wann und wo?« C

- ... sagen: »Okay. Aber ich wüsste gern, was genau Sie auf diese Weise überprüfen wollen.« **B**

17. **Sie müssen auf einer Bühne vor großem Publikum sprechen und haben schreckliches Lampenfieber. Welcher Trick hilft Ihnen, sich zu beruhigen?**

- Sie haben den Anfang Ihrer Rede auswendig gelernt. **B**
- Sie suchen sich ein freundliches Gesicht im Publikum. **A**
- Sie ermutigen sich mit dem Spruch »No risk, no glory!«. **C**
- Sie stellen sich das Publikum in Unterwäsche vor. **D**

18. Welche Situation bringt Sie am meisten auf die Palme?

- Sie nehmen auf einer Wiese im Park ein Sonnenbad. Ein Spaziergänger macht Sie pedantisch darauf aufmerksam, dass das Betreten des Rasens verboten ist. **D**
- In einer Diskussion führen Sie hieb- und stichfeste Beweise für Ihre Meinung an. Ihr Gegenüber fegt die arrogant vom Tisch: »Das sind doch Fake-News!«. **B**
- Sie beobachten vom Fenster aus, wie eine Mutter einen Kinderwagen mühsam die Treppen hochschleppt. Kein Passant hilft ihr. **A**
- Ihr Gesprächspartner nimmt alles, was Sie erzählen, nur als Stichwort, um sofort seine eigenen Erlebnisse anzubringen. **C**

19. **Streit kommt in der besten Beziehung vor. Welcher Vorwurf könnte am ehesten auf Sie zutreffen?**

- »Du kriegst mal wieder den Mund nicht auf!« **A**
- »Du nimmst das nicht wichtig genug!« **D**
- »Du musst auch immer deinen Willen durchsetzen.« **C**
- »Klar, du weißt alles besser.« **B**

20. Erik, das *Phantom der Oper*, ist schwer entstellt und nähert sich der von ihm geliebten Christine nur mit einer Maske. Was meinen Sie dazu?

- Klug und rücksichtsvoll. Sein Anblick wäre für sie bestimmt ein Schock. **B**
- Wenn sie ihn wirklich liebt, dann auch ohne Maske. **A**
- So eine Maske macht interessant. **C**
- Schaurig-schönes Musical. **D**

21. Kleine Lebensphilosophie zum Schluss: Welchem dieser Leitsätze stimmen Sie am meisten zu?

- Im Leben gibt es nichts geschenkt. Wenn man etwas haben will, muss man den Preis dafür zahlen. **C**
- Probleme kann man niemals mit derselben Denkweise lösen, mit der sie entstanden sind. **B**
- Man kann es ohnehin nicht allen recht machen, also sollte man es gar nicht erst versuchen. **D**
- Der beste Weg, um Liebe und Anerkennung zu bekommen, ist, sie selbst zu geben. **A**

Testauswertung

Zählen Sie zusammen, wie oft Sie die Buchstaben A, B, C und D angekreuzt haben. Die Auflösung finden Sie unter dem Buchstaben, den Sie am häufigsten gewählt haben. Haben Sie mehrere Buchstaben gleich häufig angekreuzt, lesen Sie zunächst Auflösung E.

A DIE FREUNDLICHKEITS-MASKE

Sie zeigen der (Um-)Welt ein liebenswürdiges Gesicht, grüßen zuerst, erkundigen sich nach Kindern und Haustieren, denken an Geburtstage. Das fällt angenehm auf zwischen allen Egozentrikern, Allroundmuffeln und Lamentierern. Nie würden Sie Ihre Mitmenschen ungefragt mit Ihren Problemen behelligen, wohl aber haben Sie ein offenes Ohr für deren Sorgen. Die Frage »Wie geht es Ihnen?« ist bei Ihnen mehr als nur eine Floskel. Mit Taktgefühl retten Sie so manche schwierige Situation. Ihr großes Plus ist Ihr Einfühlungsvermögen. Ihnen gelingt es leicht, eine Stimmung zu erspüren und entsprechend zu reagieren. Damit geben Sie Ihren Mitmenschen das Gefühl, voll verstanden zu werden. Kein Wunder, dass man Sie mag und gern mit Ihnen zusammen ist.

Wenn Ihre Maske zu fest sitzt

Einfühlungsvermögen ist eine wunderbare Eigenschaft, aber bei Dauereinsatz besteht die Gefahr, dass Sie Ihre Kontur verlieren. Gut möglich, dass dahinter der Wunsch steckt, von allen geliebt zu werden. Aber durch Selbstaufgabe lässt sich keine echte Zuneigung gewinnen. Dann ist man für andere einfach nur bequem. Glücklicherweise sind Sie wie jeder Mensch mit einer angemessenen Portion Ego zur Welt gekommen. Die gilt es wiederzuentdecken. Verstärken Sie Ihre Fähigkeit, sich abzugrenzen. Ganz praktisch: Notieren Sie, wozu Sie gern Nein sagen möchten, sich aber bisher nicht getraut haben. Fangen Sie mit dem für Sie leichtesten Punkt an, und setzen Sie ihn um. Und bevor Sie das nächste Mal zustimmen, lächeln oder Hilfe anbieten, horchen Sie in sich hinein: Will ich das wirklich? Verhalten Sie sich entsprechend. Das erfordert Mut, bringt Ihnen aber Anerkennung und Respekt.

B DIE VERNUNFTS-MASKE

Einem Menschen wie Ihnen zu begegnen ist wie eine frische Brise. Kein hitziger Streit, keine emotionalen Ausraster, keine gläubige Reproduktion von Fehlinformationen. Stattdessen gute Argumente und klare Aussagen. Sie erscheinen im Umgang mit anderen vor allem sachlich. Wenn man einen fundierten Rat braucht, wendet man sich gern an Sie. Gewiss haben Sie schon häufig im Freundeskreis oder im Job chaotische Situationen entwirrt. Dabei hilft Ihnen Ihre Beharrlichkeit. Sie bleiben so lange am Ball, bis Sie die Lösung eines Problems gefunden haben. Dann präsentieren Sie sie auf Ihre bescheidene Art. Selbstdarstellung ist nicht Ihr Ding, Sie überlassen es lieber anderen, ein Pfauenrad zu schlagen. Das haben Sie auch gar nicht nötig, denn früher oder später zeigt sich ohnehin, dass Sie in vielen Dingen recht hatten. Dadurch festigt sich Ihr guter Ruf.

Wenn Ihre Maske zu fest sitzt

Gefahr ist im Verzug, wenn Sie gar nicht mehr anders können, als rational zu reagieren. Vor allem in Situationen, in denen es notwendig ist, Emotionen zu zeigen. Das ist besonders im privaten Bereich gefragt. So hilfreich Ihre klugen Analysen und Urteile normalerweise sind – manchmal ist es angebracht, jemandem zu signalisieren, dass man ihn versteht, mit ihm zu weinen, sich mit ihm zu freuen, ihn in den Arm zu nehmen. Oder zuzuhören, ohne gleich einen guten Ratschlag parat zu haben. Kann es sein, dass Sie sich davor fürchten, Ihre wahren Gefühle zu zeigen? Davor, dass man Sie verletzt oder ablehnt, wenn Sie andere in Ihr Inneres blicken lassen? Diese Sorge ist unbegründet, wenn Sie sich gut aussuchen, wem Sie sich offenbaren. Üben Sie, mehr von sich preiszugeben, wenn Sie mit Menschen zusammen sind, denen Sie vertrauen. Sie werden entdecken, dass Sie dadurch noch an Sympathie gewinnen

C DIE STÄRKE-MASKE

»Sie sind einfach großartig.« Mal ehrlich, das hören Sie gern. Und tatsächlich, das Lob hat seine volle Berechtigung. Sie tun eine Menge dafür, dass man Sie als stark wahrnimmt. Wobei sich das auf unterschiedliche Bereiche beziehen kann: In Form von Kompetenz etwa bereiten Sie sich gut vor und sind bestens informiert. In puncto Verhalten geben Sie sich selbstbewusst und souverän. Und was physische und psychische Belastbarkeit anbetrifft, gehen Sie an Ihr Limit. Sie vermitteln, dass es keine Probleme gibt, sondern nur Herausforderungen. Von daher ist es nicht verwunderlich, dass sich (vermeintlich) schwächere Naturen bei Ihnen anlehnen. Mit Ihrem großen Herzen sind Sie immer bereit, andere zu unterstützen. Vorausgesetzt, Sie haben nicht das Gefühl, dass man Sie ausnutzt. Dann können Sie empfindlich reagieren.

Wenn Ihre Maske zu fest sitzt

Was würde Schlimmes passieren, wenn man Sie bei einer Schwäche ertappt? Die anderen könnten Sie für inkompetent halten, schlecht über Sie reden, Sie verachten, sich über Sie lustig machen. Allein die Vorstellung, zu versagen, erfüllt Sie wahrscheinlich so mit Scham, dass Sie alles tun, um solche Situationen zu vermeiden. Indem Sie die Maske der Stärke gar nicht mehr absetzen, versuchen Sie, sich unangreifbar zu machen. Die Kehrseite der Medaille ist allerdings, dass es äußerst anstrengend ist, permanent perfekt und souverän sein zu müssen. Machen Sie sich bitte klar: Stärke bewundert man zwar, aber es sind gerade die kleinen Schwächen, die einen Menschen liebenswert machen. Geben Sie auch mal zu, etwas nicht zu können. Nehmen Sie sich ein Versagen nicht übel, und fahren Sie bei Kritik nicht gleich wütende Retourkutschen. Das ist nicht nur für Sie selbst, sondern auch für Ihre Umgebung angenehm und wirkt entspannend.

D DIE LÄSSIGKEITS-MASKE

Alternativ könnte man Ihre Maske auch als »Bären-Maske« bezeichnen, frei nach dem Bär Balu in Walt Disneys *Dschungelbuch*. Dessen Motto »Probier's mal mit Gemütlichkeit, mit Ruhe und Gemütlichkeit jagst du den Alltag und die Sorgen weg« deckt sich weitgehend mit Ihrer Einstellung. Sie zeigen sich gern gelassen: Ein Projekt hat nicht geklappt? Macht nichts, wer weiß, wofür es gut ist. Sie suchen auch bewusst danach, ob sich im Schlechten nicht doch noch etwas Gutes finden lässt. Im Urlaub regnet es? Sie trösten sich damit, dass Sie sich wenigstens keinen Sonnenbrand holen. Wenn Sie sich doch mal richtig ärgern, verpacken Sie es mit Humor und nehmen Ihren Äußerungen auf diese Weise die Schärfe. Ihre Lässigkeit macht den täglichen Umgang mit Ihnen angenehm. Besonders Hektiker, aber auch Menschen, die leicht in Panik geraten, profitieren von Ihrem Verhalten, denn es überträgt sich.

Wenn Ihre Maske zu festsitzt

Lässigkeit ist Ihnen schon zur zweiten Natur geworden? Dann haben Sie wahrscheinlich die Verbindung zu Ihrer tiefgründigen Seite verloren. Traurigkeit, depressive Verstimmung, seelische Verletzung – das darf es in Ihrer Welt nicht geben. Also zaubern Sie traurige Gefühle mit einem lockeren Spruch oder einem tapferen »Kopf hoch« einfach weg. Allerdings funktioniert das allein auf die Dauer nicht. Die Menschen in Ihrer Umgebung verlangen in manchen Situationen mehr als nur eine nette Ermutigung, sie wollen ernst genommen werden. Um ihnen das geben zu können, müssen Sie sich erst einmal selbst ernst nehmen und Ihre Gefühle nicht verdrängen. Ein Schritt dazu ist, dass Sie auch mal bewusst mit sich allein sind, ohne Ablenkung durch Medien. Welche Gefühle tauchen dann auf? Vielleicht ist das nicht unbedingt lustig, dafür aber authentisch. Etwas mehr Ernsthaftigkeit wird Ihre Persönlichkeit um eine wichtige Facette erweitern.

E MASKEN-VIELFALT

Sie haben mehr als nur eine einzige Maske zur Verfügung. Welche genau das sind, lesen Sie unter den Buchstaben nach, die Sie gleich häufig gewählt haben. Diese Vielseitigkeit ist zunächst einmal ein großes Plus. Sie gibt Ihnen die Möglichkeit, flexibel zu reagieren. Allerdings kann es bei anderen auch zu Irritationen führen, wenn Sie gegensätzliche Verhaltensweisen zeigen. Überlegen Sie deshalb am besten immer, was eine Situation erfordert.

Für Ihren weiteren Weg

Um ein abschließendes Gefühl für die eigene Maske und den Umgang mit dieser zu bekommen, stellen Sie sich eine Situation vor, in der Sie zuletzt Gebrauch von eben dieser gemacht haben. Gehen Sie dafür in sich und versuchen Sie sich die Gegebenheiten dieser Situation (Ort, Zeit, Personen, Emotionen, Stimmungen etc.) hervorzurufen und beantworten Sie anschließend die nachfolgenden Fragen.

- Beschreiben Sie kurz die Situation.
- Was wäre im schlimmsten Fall passiert, wenn Sie in dieser Situation ihre Maske abgelegt hätten?
- Warum haben Sie in dieser Situation Ihre Maske aufgesetzt (Verletzung, Zurückweisung, Scham etc.)?
- Welche Gefühle und Eigenschaften wollten Sie in dieser Situation mit Hilfe ihrer Maske verstecken?
- Welche negativen Glaubenssätze stecken hinter dieser Maske?
- Definieren Sie die Erwartungen (an sich, an das Gegenüber und an die Situation), die Sie in diesem Moment versucht haben zu erfüllen. Versuchen Sie zu identifizieren, woher diese Erwartungshaltung kommt. Wer hat Ihnen gesagt, dass Sie in einer solchen Situation diese eine Maske aufsetzen müssen?
- Was würde dazu beigetragen, dass Sie Ihre Maske in einer solchen Situation nicht mehr aufsetzen müssen?

Wie hoch ist meine Bereitschaft zum Engagement?

Ein langer Tag ist zu Ende, Sie haben einen hübschen Platz auf der Terrasse eines Lokals gefunden, ein Buch aufgeschlagen, der Kellner bringt gerade den Weißwein. Dann: Die Männer am Nebentisch pöbeln eine alte Frau an.

Soll ich mich einmischen? Demokratie muss schließlich verteidigt werden, Menschlichkeit auch, man kann sich nicht aus allem raushalten ... Zur Pulse-of-Europe-Demonstration am Sonntag will man unbedingt mal ... Naja, noch nicht diesen Sonntag, da ist die Radtour mit Kerstin und Björn geplant ...

Schlechtes Gewissen? Ist nicht angebracht. Für die Seele des Menschen ist beides gleich wichtig: sich aus Problemen rauszuziehen, um die Welt zu genießen – und sich einzumischen, um die Welt zu verändern. Also gehen Sie ruhig am Sonntag radeln und wagen es dafür jetzt in dieser Situation, aufzustehen und zum Nebentisch zu gehen. Auf die Balance kommt es an. Schweben Sie auf den folgenden Seiten zwischen oben und unten, zwischen Rückzug und Engagement.

Überlegen Sie sich vorab, wann Sie sich zuletzt für etwas oder jemanden eingesetzt / engagiert haben. Beschreiben Sie die Situation unter folgenden Gesichtspunkten.

- Erklären Sie das Motiv für Ihr Engagement in dieser Situation.

- Welche Gefühle haben Ihr Engagement in dieser Situation bei Ihnen ausgelöst?

- Gibt es Situationen, Menschen oder Kontexte, in oder bei denen es Ihnen leichter fällt, sich zu engagieren?

Testen Sie, wie hoch Ihre Bereitschaft zum Engagement ist und wo Ihre Stärken dabei liegen.

KREUZEN SIE IMMER DIE ANTWORT AN, DIE AUF SIE AM EHESTEN ZUTRIFFT.

1. Welches Zitat zum Thema Hilfsbereitschaft spricht Sie am meisten an?

- »Suche immer zu nutzen. Suche nie, dich unentbehrlich zu machen.« Marie von Ebner-Eschenbach A
- »Nur dadurch, dass man Gutes tut, wird man gut.« Jean-Jacques Rousseau B
- »Man hilft den Menschen nicht, wenn man für sie tut, was sie selbst tun können.« Abraham Lincoln C

2. Jemand macht Ihnen heftige Vorwürfe. An welchem könnte zumindest ein Körnchen Wahrheit sein?

- »Du findest immer ein Haar in der Suppe.« C
- »Du weißt immer alles besser.« B
- »Du hast auch immer eine Ausrede.« A

3. Kürzlich passiert: Eine Maschine der US-Fluglinie United Airlines war überbucht. Ein Passagier wurde aufgefordert, die Maschine zu verlassen. Als er sich weigerte, zerrte man ihn so brutal aus dem Flugzeug, dass er verletzt wurde. Welche Reaktion der Mitreisenden hätte Ihre sein können?

- Einige versuchten, die Sicherheitsbeamten daran zu hindern, den Mann durch den Gang zu schleifen. B
- Einige dokumentierten das Geschehen mit ihren Smartphones und stellten die Aufnahmen ins Netz. A
- Einige riefen energisch: »Lassen Sie sofort den Mann los!« C

4. **Welche Art von Hilfsbereitschaft liegt Ihnen am meisten?**

- Für jemanden einspringen, Unterstützung für ein bestimmtes Ereignis zusagen, an einer Demonstration teilnehmen **A**
- Ein Ehrenamt annehmen, Mitglied in einer Hilfsorganisation oder Partei werden **B**
- Spenden, einen Protest unterzeichnen **C**

5. **Bill Gates und seine Frau Melinda spenden pro Jahr 4 Milliarden Dollar. Was sagen Sie dazu?**

- Bewundernswert! Sie sind ein Vorbild für alle Superreichen. **B**
- Toll! Aber sie können es sich auch leisten, ihnen bleibt ja noch mehr als genug. **A**
- Das ist sicher nicht nur Menschenliebe, sondern auch eine Imagekampagne. **C**

6. **Welchen Roman würden Sie am liebsten weiterlesen?**

- »Da kann ich leider nichts tun, Miss Green«, sagte George kühl. Dorothy ahnte, dass hinter seiner Abwehr ein verletztes Herz steckte. »Bitte helfen Sie den Pferden«, bat sie und sah ihm in die Augen. **C**
- »Los, renn!«, rief Tim Eliza zu. »Ich halte die Kerle auf.« Eliza rührte sich nicht. »Ich bleibe bei dir«, sagte sie. – »Bitte geh, sie haben Waffen und schießen auf alle mit dunkler Haut.« – »Ich bleibe«, sagte sie. **B**
- Gina zögerte. Sie vermutete, dass Michele etwas mit der Mafia zu tun hatte, war sich aber nicht sicher. Das würde sie noch herausfinden. Und wenn ja, dann würde sie mit ihm Schluss machen. Sie lächelte ihn an. **A**

7. Auf der Straße begegnet man oft Bettlern und Bedürftigen. Wie verhalten Sie sich?

- Sie überlegen sich gut, wem Sie etwas geben. Schließlich wollen Sie keine Banden unterstützen. C
- Sie geben vor allem denjenigen etwas, die etwas dafür tun, z. B. Musik machen. A
- Sie haben dafür immer etwas Kleingeld in der Tasche. B

8. Marie Colvin, die berühmte Kriegsreporterin der *Sunday Times*, reiste immer wieder bewusst in gefährliche Krisengebiete. 2012 wurde sie in der syrischen Stadt Homs von einer Granate getötet. Was, vermuten Sie, hat sie am ehesten angetrieben?

- Sie war eine Zeugin des Unrechts. Ihre Mission war es, die Wahrheit zu zeigen. B
- Sie war eine mutige Frau, die bestrebt war, ihren Job gut zu machen. A
- Was wohl im Grunde alle Kriegsreporter antreibt: der Kick der Gefahr. Sie sind süchtig nach dem Adrenalin. C

9. Vegetarier und Veganer verzichten weitgehend oder ganz auf tierische Produkte. Wie stehen Sie dazu?

- Ich finde, jeder soll essen, was er will. C
- Ich bin selbst Vegetarier oder Veganer. B
- Ich esse nur Fleisch oder Fisch aus artgerechter Tierhaltung. A

10. Wie oft haben Sie in den vergangenen drei Tagen eine gute Tat vollbracht, also einer Mutter geholfen, den Kinderwagen eine Treppe hochzutragen, oder auf der Straße liegenden Müll aufgehoben?

- Zweimal A
- Mehr als zweimal B
- Null- oder einmal C

Testauswertung

Geben Sie sich für jedes
A = 2 Punkte
B = 3 Punkte
C = 1 Punkt

Zählen Sie Ihre Punkte zusammen. Die Auflösung finden Sie unter dem entsprechenden Punktewert.

10–16 Punkte: IHRE HALTUNG: LAISSEZ-FAIRE

Sie sind nicht so leicht dazu zu bewegen, sich einzumischen. Lieber nehmen Sie eine beobachtende Haltung ein und warten erst einmal ab, wie sich die Dinge entwickeln. Das kommt sicher nicht von ungefähr. Vielleicht haben Sie sich schon manchmal die Zunge verbrannt, indem Sie direkt Ihre Meinung geäußert haben. Oder man hat Ihnen Ihren Einsatz nicht gedankt und alles ist nur noch schlimmer geworden. Ihr Fazit dürfte daraufhin gewesen sein, sich in Zukunft zurückzuhalten. Es kann aber auch sein, dass Sie von Haus aus ein Mensch sind, der anderen größtmögliche Freiheit zugesteht, nach dem Motto »Leben und leben lassen«.

Ihre Einstellung bewahrt Sie davor, übergriffig zu werden und anderen Ihre Sicht der Dinge aufzudrängen. Das ist ein guter Schutz vor Fanatismus. Der Nachteil: Sie vertrauen darauf, dass sich eine Situation auf die Dauer schon von selbst regeln wird. Das kann dazu führen, dass Sie sich auch dort raushalten, wo Einsatz nötig wäre. Damit überlassen Sie negativen Kräften das Feld. Machen Sie sich Ihrer Werte bewusst: Was ist wichtig für Sie? Was möchten Sie erhalten? Dafür lohnt es sich zu kämpfen. Wenn etwas Ihren ethischen Grundsätzen widerspricht, ist Einsatz gefragt, sei es langfristig oder spontan. Nur so bewahren Sie den Status quo, mit dem Sie zufrieden sind.

17–22 Punkte: ENGAGEMENT, ABER BITTE MIT PLAN

Es ist nicht so, dass Sie sich darum reißen, aber Sie können auch schwer mitansehen, dass eine wichtige Arbeit ungetan bleibt oder Hilfe unterlassen wird, nur weil sich niemand dafür zuständig fühlt. Inzwischen hat sich Ihr Verantwortungsgefühl gewiss schon herumgesprochen. Außerdem weiß man, dass Sie sehr gründlich sind. Was Sie anpacken, machen Sie perfekt und zuverlässig. So kommt es nicht von ungefähr, dass Sie immer wieder angefragt werden und man Sie für die unterschiedlichsten Projekte gewinnen möchte. Zum Glück besitzen Sie eine realistische Einschätzung, was den Aufwand für Ihren Einsatz betrifft. Das Gleiche gilt für spontanes Eingreifen.

Ihr Vorteil: Sie stürzen sich nicht blind ins Getümmel, sondern überlegen, wie Sie am besten vorgehen können. So vermeiden Sie Überlastung und gefährden sich nicht unnötig. Ihr Nachteil: Sie verstecken sich manchmal hinter Ihrer Besonnenheit. Dann wägen Sie das Für und Wider so lange ab, bis die Gelegenheit zum Handeln vorüber ist. Versuchen Sie nicht immer, die Kontrolle zu behalten. Manchmal ist es sinnvoll, auf sein Bauchgefühl zu hören und spontan zu- oder einzugreifen. Das ist zwar durchaus mit einem Risiko verbunden, aber im Nachhinein sehr befriedigend, weil Sie das Richtige getan haben.

23–30 Punkte: IHR VORBILD: ROBIN HOOD

Ihr Engagement wird vor allem von Ihrem Gerechtigkeitssinn beflügelt, im Kleinen wie im Großen: Sie können aus der Haut fahren, wenn Sie mitbekommen, dass jemand grundlos bevorzugt wird. Genauso empört Sie die Verletzung der Menschenrechte oder andere Missstände. Dann wollen Sie einfach nicht schweigen und tatenlos zusehen. In Ihrem näheren Umfeld wagen Sie sich notfalls auch allein in die Höhle des Löwen und stellen die Beteiligten zur Rede. Damit geben Sie in puncto Zivilcourage ein gutes Beispiel. Im globalen Rahmen ist Ihnen durchaus klar, dass hier eher gilt: Gemeinsam sind wir stark. Daher macht es für Sie ebenso Sinn, sich als aktives

Mitglied einer Organisation anzuschließen, die Hilflosen eine Stimme gibt. Mitfühlende Menschen wie Sie erwärmen das soziale Klima.

Ihre Einstellung ist die Triebfeder für positive Veränderungen. Gleichzeitig blenden Sie aber aus, dass Sie nicht immer recht haben und auch andere sinnvolle Argumente vorbringen. Dann vertreten Sie Ihre Meinung diktatorisch und verprellen Mitstreiter und potenzielle Unterstützer. Seien Sie weniger strikt. Holen Sie andere da ab, wo sie stehen. Achten Sie auch darauf, dass Sie bei allem Einsatz noch Zeit für sich selbst finden. Schließlich ist niemandem damit gedient, wenn Sie am Ende ausgebrannt sind.

Für Ihren weiteren Weg

Um in Zukunft mit Überzeugung entscheiden zu können, für was Sie sich einsetzen und in welchen Situationen Sie lieber mit Zurückhaltung reagieren, beantworten Sie für sich folgende Fragen:

- Welche drei Werte sind Ihnen am wichtigsten (Gerechtigkeit, Hilfsbereitschaft, Gesundheit, Freiheit, Ehrlichkeit etc.)?
- Setzen Sie einen der Werte auf Ihre Top 1. Wie und in welchen Situationen könnten Sie sich in Zukunft für diesen Wert engagieren?
- Wenn Sie eine Sache in dieser Welt verändern könnten, welche wäre das?
- In welchen Situationen haben Sie im Rückblick zu viel Engagement eingebracht, da es sich nicht ausgezahlt hat bzw. es nicht den Effekt hatte, den sie anstrebten?
- Welches war ihr prägendstes Erfolgserlebnis? Wie sah Ihr Einsatz aus, mit dem Sie dieses erreicht haben?

Wie gut kann ich mich raus-nehmen?

Wie Sie bereits im vorherigen Test erfahren haben, ist es nicht immer einfach, die Balance zwischen Engagement und Rückzug zu halten. Sie sollen sich einbringen, wenn es wichtig und richtig ist, sich aber auch zurückziehen, wenn es Ihnen eigentlich zu viel wird. Sich bewusst aus gewissen Dingen rauszuhalten, kann nicht nur Selbstschutz sondern auch Selbstfürsorge sein. Machen Sie sich immer bewusst: Sie können nicht die ganze Welt retten. Und dies ist auch gar nicht nötig, denn Sie sind nicht allein. Und manchmal tut es gut, sich nicht in Dinge einzumischen, insbesondere nicht in solche, die Sie sowieso nicht ändern können. Denn wer nur im Außen agiert und sich ständig für andere einbringt, vergisst oft, auf die innere Stimme zu hören und die eigenen Bedürfnisse zu priorisieren.

Testen Sie im Folgenden, wie gut es Ihnen gelingt, sich bewusst aus Dingen rauszunehmen.

KREUZEN SIE IMMER DIE ANTWORT AN, DIE AUF SIE AM EHESTEN ZUTRIFFT.

1. In Saint-Exupérys ***Kleinem Prinzen*** mahnt der gezähmte Fuchs den kleinen Prinzen: »Du bist zeitlebens für das verantwortlich, was du dir vertraut gemacht hast.« Was meinen Sie dazu?

- Eine nette Manipulation. A
- Wie romantisch! B
- Interessanter ist wohl, was der kleine Prinz dazu meint. C

2. Welche der drei geometrischen Figuren gefällt Ihnen am besten?

- Raute C
- Kreis B
- Viereck A

3. Manche Mitmenschen gehen einem einfach gewaltig auf die Nerven. Welchen Typ können Sie am wenigsten ausstehen?

- Ist arrogant. B
- Redet anderen nach dem Mund. A
- Kann sich ewig nicht entscheiden. C

4. Kreuzen Sie alles an, was Sie tun würden, wenn man Sie darum bitten würde.

- Eine Verabredung absagen, weil ein enger Freund richtig schweren Liebeskummer hat. C
- Eine Karte für ein Konzert Ihrer Lieblingsband verfallen lassen, weil es im Job einen wichtigen und eiligen Auftrag gibt. A
- Bekannte auf der Durchreise in Ihrer Wohnung übernachten lassen. B

5. **Auf einer Hochzeit sitzen Sie an der Tafel zwischen zwei Langweilern fest. Mit welcher Ausrede kommen Sie da am besten weg?**

- Ich glaube, ich habe das Essen nicht vertragen. Mir ist furchtbar schlecht, ich muss an die frische Luft. **A**
- Entschuldigt mich, ich möchte noch Freunde begrüßen, die da hinten sitzen. **B**
- Ich gehe nur mal kurz telefonieren, bin gleich wieder da. **C**

6. **Welche Farbe mögen Sie am liebsten?**

- Rot **A**
- Gelb **C**
- Blau **B**

7. **Sie wollen jemanden dazu kriegen, dass er etwas für Sie erledigt. Wie versuchen Sie das zu erreichen?**

- Sie schmeicheln: »Du kannst das einfach am besten.« **B**
- Sie provozieren: »Ich bin mir nicht sicher, ob du das wirklich hinkriegst.« **A**
- Sie machen einen Deal: »Eine Hand wäscht die andere. Das nächste Mal helfe ich dir.« **C**

8. **Im Geschäft hätten Sie gerne Beratung, aber das Verkaufspersonal unterhält sich miteinander und ignoriert Sie. Daraufhin …**

- … verlassen Sie verärgert den Laden. **A**
- … schauen Sie sich halt alleine um. **B**
- … sagen Sie süffisant: »Macht es Ihnen etwas aus, Ihr interessantes Gespräch kurz zu unterbrechen?« **C**

9. **Sie finden in Ihrem Briefkasten eine Einladung zur Hausparty. Sie haben dazu aber keine große Lust und überlegen sich eine Ausrede:**

- Klar, ich komme gerne, aber ich bin nicht sicher, ob ich es rechtzeitig schaffe. **C**

- Wir haben im Büro einen eiligen Auftrag reinbekommen, ich muss Überstunden machen. **A**
- Eine gute Freundin ist krank geworden, und ich muss mich unbedingt um sie kümmern. **B**

10. Sie schreiben Ihre Memoiren und blicken auf Ihr Leben zurück – gar nicht so leicht. Was glauben Sie: Welcher Satz käme wohl am ehesten darin vor?

- Mitleid kriegst du umsonst, aber Neid, den musst du dir erst verdienen. **A**
- Im Sturm biegt sich das Schilfrohr, aber es bricht nicht. **B**
- Aufstehen, Krone richten, weitermachen. **C**

Testauswertung

Geben Sie sich für jedes
A = 3 Punkte
B = 1 Punkt
C = 2 Punkte

Zählen Sie Ihre Punkte zusammen. Die Auflösung finden Sie unter dem entsprechenden Punktewert.

9–16 Punkte: EMPATHIE IST IHRE STÄRKE

Hand aufs Herz: Wann hatten Sie zuletzt Zeit nur für sich selbst, zum Entspannen, Nachdenken und Träumen? Klar, Sie haben jede Menge zu tun und außerdem viele Interessen. Aber das ist es nicht allein, was Sie daran hindert, sich rauszuziehen. Sie reagieren auch auf Angebote, die eher den Bedürfnissen anderer entsprechen als Ihren eigenen. Das kommt bei denen zwar gut an, kostet Sie aber Energie und Zeit. Die Frage ist, warum Sie so bereitwillig darauf eingehen. Zum einen ist es Ihr vitales Interesse an Ihren Mitmenschen, Ihr gutes Herz, Ihr Einfühlungsvermögen. Das sind großartige Eigenschaften. Aber es können auch verborgene Ursachen dahinterstecken: die Angst, durch einen Rückzug zu enttäuschen oder sich berufliche Nachteile einzuhandeln. So vermeiden Sie Konflikte und sind beliebt, verlieren sich aber selbst aus den Augen. Stoppen Sie den Reflex, gleich zuzusagen. Bitten Sie sich Bedenkzeit aus und prüfen Sie: Will ich das? Habe ich Zeit dafür? Sie werden sehen: Man liebt und schätzt Sie – auch, wenn Sie nicht überall dabei sind.

17–23 Punkte: ZWEI SEELEN WOHNEN IN IHRER BRUST

Im Prinzip können Sie sich gut rausziehen. Wenn Sie etwas wirklich nicht wollen, dann kriegt man Sie auch nicht dazu. Sie sind sehr wohl in der Lage,

Ihre eigenen Interessen zu verfolgen. Aber manchmal sind Sie eben doch zu nachgiebig oder verführbar. Hinterher ärgern Sie sich über sich selbst und schwören sich, beim nächsten Mal wirklich standhaft zu bleiben. Damit Ihnen das noch häufiger gelingt, ist es wichtig, die Fallen zu erkennen, in die Sie immer wieder tappen. Das kann Schmeichelei sein. Oder die Angst, etwas zu verpassen. Möglich auch, dass Sie zwei Seelen in der Brust haben, die sich um die richtige Entscheidung streiten. Der Vorteil ist, dass Sie sich nicht rigide abgrenzen. Aber Sie sind oft hin- und hergerissen und bereuen dann im Nachhinein Ihre Entscheidung. Achten Sie auf ihr Körpergefühl und Ihre Stimmung. Die senden Ihnen vorab verlässliche Signale, sei es mit Verspannungen und Unlust oder mit Herzklopfen und freudiger Aufregung.

24–30 Punkte: SIE ZEIGEN KLARE KANTE

Sie sind im wahrsten Sinne des Wortes fein raus. Denn Sie wissen genau, womit Sie sich befassen wollen, und ziehen entsprechend Ihre Grenzen, sobald Ihnen etwas zu viel wird. Woher kommt Ihre Konsequenz? Möglicherweise sind Sie mit einer großen Portion Freiheitsdrang geboren. Oder Sie haben im Laufe der Zeit gelernt, auf Ihre eigenen Bedürfnisse zu achten. Vielleicht war das sogar ein schmerzhafter Prozess: Sie wollen sich nicht mehr vereinnahmen lassen. Heute haben Sie jedenfalls klare Vorstellungen davon, was Ihnen wichtig ist und wohin Sie ihre Aufmerksamkeit richten. Gut daran ist, dass Sie kaum zu manipulieren sind. Aber Sie machen sich mit Ihrer Entschiedenheit nicht nur Freunde. Denken Sie deshalb daran: Der Ton macht die Musik. Statt sich harsch zu verweigern, sollten Sie freundlich und sachlich Ihre Entscheidung begründen. Und den Menschen, die Ihnen am Herzen liegen, sollten Sie das Gefühl geben: Ich bin da, wenn du mich brauchst.

Für Ihren weiteren Weg

Überlegen Sie sich nun abschließend eine Situation, in der Sie sich zuletzt gerne rausgenommen hätten, es aber nicht getan haben. Vielleicht hilft Ihnen das zu erkennen, unter welchen Umständen Sie eher dazu neigen, sich nicht aktiv rausnehmen zu können. Das Reflektieren solcher Situationen soll Sie dabei unterstützen, sich in Zukunft entsprechend Ihrer Bedürfnisse zu verhalten und sich klarer abgrenzen zu können. Versuchen Sie sich die Gegebenheiten dieser Situation genau zu vergegenwärtigen.

- Beschreiben Sie die Situation kurz (Kontext, anwesende Personen etc.).
- Welche Gefühle hat diese Situation in Ihnen ausgelöst?
- Welche Gefühle kommen bei Ihnen auf, wenn Sie sich vorstellen, Sie hätten sich in dieser Situation rausgenommen?
- Erkennen Sie vielleicht wiederkehrende Muster (z. B. im Kontext / in der Umgebung / bei den beteiligten Personen), die dazu führen, dass Sie sich nicht rausnehmen können?
- Wie hätten Sie sich in dieser Situation anders verhalten können?

Warum bin ich großzügig bzw. kleinlich?

Gastfreundschaft ist eine Form der Großzügigkeit, die Menschen überall auf dem Globus seit Jahrtausenden praktizieren. Sie bieten Fremden Essen und Getränke an, manchmal auch ein Dach über dem Kopf, und erwarten nichts dafür außer vielleicht einem Lächeln. Großzügigkeit wärmt die Herzen, sie knüpft unsichtbare Bande zwischen Menschen, die sich nicht kennen, und verstärkt sie zwischen Freunden. Sie ereignet sich täglich an unzähligen Orten auf der Welt. Im Obstladen einer Großstadt, in dem die Verkäuferin ein Körbchen Erdbeeren obendrauf packt. In der Mittagspause, in der eine Kollegin andere zum Lunch einlädt. Im Büro, wenn ein Kollege einem anderen Arbeit abnimmt, weil dieser sonst zu spät zur Geburtstagsparty seines Kindes käme. Die Großzügigkeit hat einen hervorragenden Ruf.

Ihr Gegenstück, die Kleinlichkeit, wird in aller Welt verachtet. Doch auch die Kleinlichen sind allgegenwärtig: Die Geizhälse, die nie einen ausgeben, selbst aber einen gemeinsamen Ausflug auf den Cent genau in Excel-Tabellen abrechnen. Die Pedanten, die überall einen Fehler finden, und sei er auch noch so gering. Die Prinzipienreiter, die nicht fünfe gerade sein lassen können und jeden Spaß im Keim ersticken. Kleinlichkeit ist eine Filiale des Perfektionismus. Und Perfektionismus ist in bestimmten Feldern absolut angebracht. Im OP-Saal ist Perfektionismus eine Tugend – Chirurgen müssen kleinlich sein und auf jedes Detail achten – in einer Ehe dagegen kommt man damit nicht weit, denn da geht es nicht um Perfektion. In einer guten und stabilen Beziehung erträgt man einander gerne in den jeweiligen Unvollkommenheiten und findet sie im besten Fall sogar liebenswert.

Die eigene Wahrnehmung unserer Großzügigkeit ist oftmals verzerrt, denn die menschliche Selbsteinschätzung ist dem Stolz unterworfen. Wenn der Stolz es gebietet, ein großzügiger Mensch zu sein, können wir noch so geizig sein, aber in der Bilanz halten wir uns für großzügig. Wo auch immer unser Schwerpunkt vom Naturell her liegen mag: Wir alle haben eben nicht nur die großzügige, sondern gewiss auch die kleinliche Seite, die je nach Situation zum Vorschein kommt. So schauen wir etwa einerseits kaum aufs Geld, während wir andererseits erbittert feilschen. Mal sind wir perfektionistisch, dann wieder drücken wir beide Augen zu. Hier verzeihen wir, dort sind wir nachtragend. Die Frage ist: Was steckt jeweils hinter unserer Großzügigkeit oder Kleinlichkeit? Mit diesem Test kommen Sie Ihren Motiven für beide Seiten auf die Spur.

- Überlegen Sie zu Beginn, wann Sie zuletzt großzügig gehandelt haben.

- Nennen Sie drei Emotionen, die Ihre Großzügigkeit in dieser Situation in Ihnen selbst ausgelöst haben.

- Was war das Motiv Ihrer Großzügigkeit (z. B. Hilfe, Beliebtheit, Empathie etc.)?

- Erkennen Sie sich wiederholende Muster in Ihrem großzügigen Handeln? Wenn ja, versuchen Sie diese stichpunktartig zu beschreiben (z. B. Umgebung, Menschen, Motiv, Stimmung etc.).

- Überlegen Sie nun, wann Ihnen zuletzt ein anderer Mensch Großzügigkeit entgegengebracht hat, und beschreiben Sie, welche Gefühle dies in Ihnen ausgelöst hat.

KREUZEN SIE IMMER DIE ANTWORT AN, DIE AUF SIE AM EHESTEN ZUTRIFFT.

1. Im Restaurant bekommen Sie mit, dass der unfreundliche Kellner von einem Gast ein dickes Trinkgeld bekommt. Sie vermuten, dass ...

- ... dieser hier Stammgast ist. **A**
- ... ihn das Verhalten nicht besonders stört. **C**
- ... er sich sagt, dass jeder mal einen schlechten Tag hat. **B**

2. Welche kleine Großzügigkeit liegt Ihnen am meisten?

- An der Kasse im Supermarkt fehlt einer Frau ein Euro zu ihrem Einkauf. Sie schenken ihr spontan die Münze. **C**
- Ein kleiner Junge sitzt weinend vor der Haustür. »Meine Mutter ist nur kurz zum Bäcker«, sagt er. Sie bleiben ein paar Minuten bei ihm und trösten ihn, bis sie zurückkommt. **B**
- Eine Kollegin möchte früher gehen, weil sie ein Date hat. Sie sagen: »Kein Problem, ich nehme inzwischen deine Anrufe entgegen. Viel Spaß!« **A**

3. Sie erfahren, dass eine Bekannte negativ über Sie geredet hat. Statt sich darüber aufzuregen, sagen Sie sich souverän:

- Was kümmert es den Mond, wenn ihn ein Hund anbellt. **C**
- Für mich ist wichtiger, was meine Freunde von mir halten. **A**
- Was andere über mich sagen, sagt mehr über sie aus als über mich. **B**

4. Welches Zitat über Großzügigkeit spricht Sie am meisten an?

- »Der Wert eines Menschen liegt in dem, was er gibt, und nicht in dem, was er empfangen kann.« Albert Einstein **A**
- »Wer Gutes tun will, muss es verschwenderisch tun.« Martin Luther **C**
- »Großzügigkeit ist der natürlichste äußere Ausdruck einer inneren Haltung von Mitgefühl und liebender Güte.« Dalai Lama XIV. **B**

5. **Sie nehmen an einem Charity-Event der Stiftung »Kinder in Not« teil. Mit welchen Worten kann man Sie am ehesten zu einer Spende bewegen?**

- »Sie wissen ja, dass gerade die Kleinsten und Schwächsten in der Gesellschaft unserer besonderen Fürsorge bedürfen.« **B**
- »Wir, die wir hier sind, leben im Überfluss. Was für ein gutes Gefühl macht es doch, davon abzugeben!« **C**
- »Die Kleinen werden es Ihnen von Herzen danken, Sie werden in strahlende Kinderaugen schauen.« **A**

6. **Der alte Conte überlegt, welchem seiner drei Söhne er sein Weingut vererben soll. Die dort tätigen Arbeiter liegen ihm am Herzen. Also entscheidet er sich für ...**

- ... Luigi. Der hat immer ein offenes Ohr für die Sorgen anderer und bemüht sich, ihnen zu helfen. **B**
- ... Paolo. Er setzt sich vor allem für die Belange der Familie ein, hat aber auch diejenigen im Auge, die mit ihr zu tun haben. **A**
- ... Graziano. Er ist unkompliziert und verbindlich und begegnet auch den einfachen Menschen auf Augenhöhe. **C**

7. **Beim Klassentreffen sehen Sie nach Jahren wieder Bruno, der Sie damals so fies gemobbt hat. Er scheint es nicht weit gebracht zu haben. Sie ...**

- ... weisen lässig darauf hin, was Sie inzwischen alles erreicht haben. **E**
- ... denken: »Gott sei Dank muss ich mit solchen Menschen heute nichts mehr zu tun haben.« **D**
- ... fragen extra genau nach, was er denn jetzt so macht. **F**

8. In der Diskussion mit einem Freund sind Sie sicher, dass Sie recht haben. Trotzdem verzichten Sie darauf, ihm das unter die Nase zu reiben, weil Sie …

- … keine Lust haben, sich wegen Peanuts zu streiten. C
- … wissen, dass er auf Kritik immer empfindlich reagiert. B
- … die gute Beziehung zu ihm wichtiger finden, als recht zu behalten. A

9. Sie warten bereits seit 20 Minuten im Café auf eine Freundin. Als sie endlich kommt, sagt sie lässig: »Tut mir leid, ich habe unterwegs jemand getroffen.« Sie …

- … sagen vorwurfsvoll: »Ich habe mir schon Gedanken gemacht, ob ich mich vielleicht im Datum vertan habe.« D
- … weisen sie darauf hin, dass es ziemlich unangenehm ist, wie bestellt und nicht abgeholt im Lokal zu sitzen. Da sind 20 Minuten lang. F
- … sagen: »Ist schon okay«, verhalten sich dann aber recht reserviert. E

10. Sie haben sich Hoffnung auf die Teamleitung gemacht. Aber die bekommt ein intriganter Kollege, der Ihnen fachlich nicht das Wasser reichen kann. Wütend und enttäuscht …

- … äußern Sie sich besorgt an höherer Stelle über seine Inkompetenz. D
- … halten Sie wichtige Informationen zurück. Soll der doch sehen, wie er drankommt. E
- … führen Sie ein Protokoll über seine Fehler und falschen Entscheidungen. Irgendwann können Sie das nutzen. F

11. Jemand hat Sie gekränkt, nun tut es ihm leid. Welche Entschuldigung nehmen Sie am ehesten an?

- »Ich konnte die ganze Nacht nicht schlafen. Mich hat so bedrückt, dass du verletzt bist.« B
- »Es tut mir so leid. Ich verstehe gar nicht, wie ich so etwas sagen konnte. Glaub mir, ich wollte dich wirklich nicht kränken.« C
- »Bitte verzeih mir. Mir liegt wirklich viel an dir und ich halte es nicht aus, wenn du mir böse bist.« A

12. Ihr Nachbar beschwert sich ständig darüber, dass ein kleiner Ast aus Ihrem Garten auf sein Grundstück ragt. Genervt sagen Sie:

- »Messen Sie doch nach und gehen Sie damit vor Gericht!« F
- »Stellen Sie sich nicht so an. Ich beschwere mich ja auch nicht, wenn Sie mich mit Ihrem Grill vollräuchern.« E
- »Sonst haben Sie keine Sorgen?« D

13. Über welche Großzügigkeit freuen Sie sich am meisten?

- Sie entdecken auf einem Flohmarkt einen schönen kleinen Gegenstand. Nachdem Sie mit dem Besitzer ein wenig geplaudert haben, sagt er: »Den schenke ich Ihnen.« C
- Ihre Nachbarin steht mit einem Teller vor der Tür: »Ich habe gerade mein Spezialgericht gekocht und dachte, du magst vielleicht probieren.« A
- Es war ein harter Tag, Sie sind erschöpft. Offenbar sieht man es Ihnen an: Im voll besetzten Bus steht ein junger Mann auf und bietet Ihnen seinen Platz an. B

14. Drei von sieben Todsünden – zu welcher neigen Sie am ehesten?

- Zorn E
- Geiz F
- Habgier D

15. **Manche Menschen sind mit einem goldenen Löffel im Mund geboren: Geld wie Heu, prominente Familie, beste Beziehungen. Mit welcher Überlegung bezähmen Sie Ihren Neid?**

- Die sind ständig von Bodyguards umgeben, weil sie Angst vor einer Entführung haben. **D**
- Die leiden genauso unter Krankheiten, Liebeskummer und Versagen wie unsereins. **F**
- Die wissen doch nie, ob man nur wegen ihres Geldes und ihrer Prominenz nett zu ihnen ist. **E**

16. **Was könnte Sie wohl dazu bringen, jemandem zum Geburtstag ein billiges Geschenk mitzubringen?**

- Sie haben von ihm ein ähnliches Geschenk bekommen. **E**
- Sie sind pleite. **D**
- Sie haben absolut keine Zeit, etwas anderes zu besorgen. **F**

17. **Der Duke of Lancaster ist mit der schönen Georgia verheiratet. Er vermutet, dass sie ihn betrügt. Schreiben Sie die Geschichte weiter: Rasend vor Eifersucht …**

- … ändert er sein Testament zu ihren Ungunsten. **E**
- … verfolgt er sie heimlich auf Schritt und Tritt. **F**
- … fleht er sie an, ihm die Wahrheit zu sagen. **D**

18. **Sie haben jemandem einen Gefallen getan und der hat sich nicht einmal bei Ihnen bedankt. Verärgert denken Sie:**

- Der braucht sich bei mir nicht mehr zu melden! **E**
- Undank ist der Welten Lohn. **D**
- Kein Benehmen, so ein Verhalten ist unmöglich. **F**

19. Sie gehen mit drei Bekannten zum Italiener. Die anderen bestellen ein Hauptgericht, Sie nur einen Salat. Am Ende heißt es: »Lasst uns die Rechnung durch vier teilen.« Sie wollen nicht knauserig erscheinen und zahlen, aber ...

- ... nehmen sich zähneknirschend vor: Nächstes Mal bestelle ich ein Drei-Gänge-Menü. **E**
- ... ärgern sich über jeden Euro, den Sie zu viel bezahlt haben. **F**
- ... mit solchen Leuten gehen Sie bestimmt nicht wieder essen. **D**

20. Wo spüren Sie es in Ihrem Körper, wenn Sie so richtig großzügig gewesen sind?

- Im Kopf. Ich denke immer wieder mit Freude daran. **A**
- Im Bauch. Es ist ein warmes Glücksgefühl. **C**
- Im Herzen. Es fühlt sich lebendig an. **B**

Testauswertung

1. Zählen Sie zusammen, wie oft Sie jeweils A, B und C angekreuzt haben. Der Buchstabe, den Sie am häufigsten gewählt haben, verrät Ihnen Ihr Motiv für **Großzügigkeit**.
2. Zählen Sie zusammen, wie oft Sie jeweils D, E und F angekreuzt haben. Der Buchstabe, den Sie am häufigsten gewählt haben, verrät Ihnen Ihr Motiv für **Kleinlichkeit**.

Haben Sie mehrere Buchstaben gleich häufig angekreuzt, dann werden Sie je nach Situation von unterschiedlichen – vielleicht sogar widersprüchlichen – Motiven bestimmt. Welche das sind, lesen Sie unter den entsprechenden Buchstaben nach.

DAS STECKT HINTER IHRER GROSSZÜGIGKEIT:

A IHR MOTIV: BELIEBTHEIT

Ihre Freunde und Ihre Familie sowie Ihre Kollegen bestätigen mit Sicherheit, dass Sie sehr oft großzügig sind. Für Menschen, die Ihnen nahestehen, ist Ihnen selten etwas zu viel. Sie sind bereit, einiges zu geben – sei es Zeit, ein finanzieller Beitrag, Ihre Arbeitsleistung oder sonstige Unterstützung. Das gilt privat wie beruflich. Kein Wunder, dass man es Ihnen dankt und anerkennend über Sie spricht. Und das ist auch genau das, was Sie – vielleicht unbewusst – dazu bewegt, großzügig zu sein.

Ihr Gewinn: Auf diese Weise erreichen Sie, dass Sie von Ihrer Umgebung geliebt oder geschätzt werden.

Die Gefahr: Sie geben anderen zu oft zu viel, um sympathisch zu sein.

Tipp

Verteilen Sie Ihre Großzügigkeit nicht mit der Gießkanne, sondern differenzieren Sie, wer sie verdient hat. Sie müssen nicht everybody's darling sein.

B IHR MOTIV: EMPATHIE

Erinnern Sie sich an Grimms Märchen *Die Sterntaler*? Da gibt das Mädchen am Ende sein letztes Hemd her. Das ist ein passendes Bild für Ihre Großzügigkeit. Sie wird vor allem von Ihrem Herzen bestimmt. Sie können niemanden darben sehen, weder körperlich noch seelisch oder geistig. Sogleich verspüren Sie den Impuls, ihm beizuspringen und die Lücke mit Ihren Mitteln zu schließen. Sie geben etwa eine hilfreiche Adresse weiter, unterstützen mit Ihrem Know-how bei schwierigen Aufgaben oder spenden für Menschen in Not.

Ihr Gewinn: Sie haben das beruhigende Gefühl, das Richtige getan zu haben, und sind mit sich im Reinen.

Die Gefahr: Es besteht das Risiko, dass Ihre Großzügigkeit von anderen ausgenutzt wird.

Tipp

Geben Sie nicht automatisch. Bevor Sie das nächste Mal großzügig sind, fragen Sie sich: »Will ich das wirklich?« Üben Sie, gelegentlich »Nein« zu sagen.

C IHR MOTIV: LÄSSIGKEIT

In Ihrem Schulzeugnis stand bestimmt der Zusatz: »ist intelligent, aber muss sich mehr anstrengen«. Sie halten es gern nach dem Motto »Man lebt nur einmal«. Entsprechend zeigt sich Ihre Großzügigkeit im Alltag: Alle um Sie herum hecheln der Selbstoptimierung hinterher? Wozu der Stress, man ist halt, wie man ist. Es sind Freunde in der Stadt? Die müssen doch nicht ins Hotel, die können gerne bei Ihnen übernachten. Jemand hat sich danebenbenommen? Schwamm drüber, das kann doch jedem mal passieren.

Ihr Gewinn: Sie gehen leichtfüßiger als andere durch den Tag und gewinnen Sympathien.

Die Gefahr: Zu wenig Disziplin hindert Sie daran, Ihr volles Potenzial zu entfalten. Wenn Sie wichtige Arbeiten allzu unbekümmert erledigen, kann das unter Umständen eine Fehlerquelle sein.

Tipp

Erlauben Sie, dass Menschen mit einer präziseren Lebenseinstellung überprüfen, wo Ihre Großzügigkeit zu weit geht. Hören Sie dann darauf.

DAS STECKT HINTER IHRER KLEINLICHKEIT:

D IHR MOTIV: SORGE

Was ist, wenn Sie krank werden? Wenn demnächst vielleicht teure Reparaturen fällig werden? Wenn die große Liebe erstirbt oder sich die Geschäftsidee als Flop erweisen sollte? Was passiert, wenn Sie das wichtige Projekt in den Sand setzen? Sich über solche Fragen Gedanken zu machen, ist durchaus berechtigt. Schließlich ist es klug, Eventualitäten nicht zu verdrängen und dafür einen Plan B in der Tasche zu haben. Doch Sie neigen dazu, Unwägbarkeiten und Ängsten mit Kleinlichkeit zu begegnen. Das ist Ihre Art, sich dagegen zu wappnen. Vielleicht halten Sie deswegen eisern Ihr Geld zusammen und verkneifen sich jeden Luxus. Oder Sie gehen vorsorglich zurückhaltend mit Ihren Gefühlen um, damit Sie nicht enttäuscht werden können.

Ihr Gewinn: Sie schützen sich weitgehend vor unliebsamen Überraschungen.

Die Gefahr: Sie verpassen Chancen, weil Sie sich in einem Schneckenhaus eingerichtet haben.

Tipp

Nichts gegen Vorsorge. Aber lernen Sie, auch in puncto Zukunft dem Leben zu vertrauen. Es ist großzügiger, als Sie denken.

E IHR MOTIV: VERGELTUNG

Jemand trifft Ihren wunden Punkt – und ist für Sie erledigt! Die Kellnerin knallt Ihnen das Essen lieblos auf den Tisch: Das wird sie am Trinkgeld merken. In Ihrem Team gibt es Leute, die wenig tun, aber die Lorbeeren ernten wollen – da sind Sie zurückhaltend mit Informationen. Sobald Sie das Gefühl haben, Geben und Nehmen seien nicht ausgeglichen, können Sie ganz schön kleinlich sein. Dazu besitzen Sie eine innere Waage, die das genau austariert, und deren Motor Gerechtigkeit ist. Wenn jemand Sie übervorteilen will, wehren Sie sich mit Kleinlichkeit. Und das geschieht meist sehr deutlich, damit Ihr Gegenüber auch merkt, dass es hier um Ausgleich geht.

Ihr Gewinn: Sie sind zufrieden, weil der Gerechtigkeit Genüge getan ist.

Die Gefahr: Dieses Verhalten kann in kleinliche Rache ausarten, bei der man sich gegenseitig hochschaukelt.

Tipp

Versuchen Sie erst einmal, sich in die andere Person einzufühlen. Vielleicht fällt Ihr Urteil dann weniger streng aus.

F IHR MOTIV: STRESS

Wenn Sie sich unter Druck gesetzt fühlen, können Sie ziemlich kleinlich werden. Dann ist da nichts mehr von der ursprünglichen Großzügigkeit zu sehen – plötzlich reagieren Sie gereizt und ungeduldig. Oft fallen Ihnen dann in Ihrer Umgebung Details ins Auge, die Sie vorher nicht beachtet haben. Sie bemängeln, dass ein Bild schief hängt oder das Besteck auf dem Esstisch nicht parallel liegt. Im Job weisen Sie Kollegen auf Rechtschreibfehler in einer unwichtigen E-Mail hin oder prüfen eine Abrechnung Punkt für Punkt bis auf den Cent. Meist leiden Sie selbst darunter, dass Sie so pingelig reagieren, können das aber kaum abstellen.

Ihr Gewinn: Die penible Kontrolle über eine Situation gibt Ihnen Sicherheit.

Die Gefahr: Andere fühlen sich von Ihnen kritisiert oder bevormundet. Hinter vorgehaltener Hand bezeichnet man Sie als «Krämer« oder «Erbsenzählerin«.

Tipp

Nehmen Sie die auftauchende Kleinlichkeit als Indikator dafür, dass Sie sich entspannen sollten.

Für Ihren weiteren Weg

Um Ihre eigene Großzügigkeit oder Kleinlichkeit abschließend zu reflektieren, vergegenwärtigen Sie sich eine Situation, in der Sie zuletzt großzügig bzw. kleinlich waren.

- Beschreiben Sie die Gegebenheiten dieser Situation (anwesende Personen, Umgebung, Gemütszustand etc.).
- Nennen Sie drei Emotionen, die Teil dieser Situation waren und gegebenenfalls dazu geführt haben, dass Sie großzügig bzw. kleinlich reagiert haben.
- Was war das Motiv Ihres Handelns?
- Welches Gefühl trat ein, nachdem Sie in dieser Situation großzügig bzw. kleinlich gehandelt haben?
- Wie könnten Sie sich beim nächsten Mal verhalten?

Wie trete ich meinen Eltern gegenüber?

Sie sind erwachsen, führen Ihr eigenes Leben, vielleicht haben Sie Kinder oder sogar Enkelkinder. Und doch gibt es eine Verbindung, in der Sie für immer selbst Kind bleiben: die zu Ihren Eltern. Kaum jemandem gelingt es, gelassen zu bleiben, wenn die Eltern Ansprüche stellen oder Enttäuschung äußern.

Führen Sie sich Ihre Beziehung zu Ihren Eltern mit folgenden Fragen vor Augen:

- Was würden Sie Ihren Eltern gerne einmal sagen?
- Welches Gefühl vermittelt Ihnen die Anwesenheit Ihrer Eltern?
- Wofür Sind Sie Ihren Eltern dankbar?
- Was werfen Sie Ihren Eltern vor?
- Welche Ihrer Glaubensätze resultieren aus Ihrer Kindheit und den Erwartungen Ihrer Eltern?
- Welche Werte haben Ihnen Ihre Eltern vermittelt?
- Wenn Sie Mutter / Vater werden wollen oder bereits sind – was wollen Sie definitiv im Umgang mit Ihrem Kind anders machen als Ihre Eltern?

Was Eltern sagen oder tun, hat die Kraft, jahrzehntelang zu wirken. Das ist bei allen Menschen gleich – unsere Strategien, damit umzugehen, jedoch nicht. Was ist für Sie typisch? Finden Sie es heraus und lernen Sie mit Hilfe der Tipps am Ende, besser mit Ihren Eltern zu interagieren.

Hinweis: Eltern sind nicht immer eine Einheit. Wo im Folgenden von »Eltern« die Rede ist, kann sich dies auch auf einen einzelnen Elternteil beziehen, wo »Mutter« oder »Vater« steht, ist auch der oder die andere gemeint – oder beide.

KREUZEN SIE IMMER DIE ANTWORT AN, DIE AUF SIE AM EHESTEN ZUTRIFFT.

1. **Ihre Mutter ist ständig besorgt. Sie ruft häufig an und möchte wissen, ob bei Ihnen alles in Ordnung ist. Sie ...**

- ... sagen genervt: »Mama, ich bin kein kleines Kind mehr. Hör auf, mich zu kontrollieren.« **A**
- ... beruhigen sie: »Lieb, dass du fragst, Mama, aber bei mir ist alles super. Mach dir keine Sorgen.« **B**
- ... gehen gar nicht erst ran, wenn Sie die Nummer Ihrer Mutter auf dem Display sehen. **D**
- ... erzählen ihr, was derzeit alles gut bei Ihnen läuft, aber nicht, was wirklich los ist. **C**

2. **Neues vom Adel: Prinz Harry und seine Frau Meghan haben mit dem englischen Königshaus gebrochen und machen jetzt ihr eigenes Ding in den USA. Was meinen Sie dazu?**

- Das wird Harry früher oder später bereuen. So eine königliche Prägung ist doch sehr stark. **B**
- Man kann nur auf Versöhnung hoffen – schließlich sind auch die Royals eine Familie. **C**
- So wie der Palast Meghan behandelt hat, war der Bruch unvermeidlich. **D**
- Es war ein mutiger Schritt, den goldenen Käfig zu verlassen. **A**

3. **Wovon hätten Sie sich in Ihrer Kindheit von Ihren Eltern mehr gewünscht?**

- Zuneigung **D**
- Anerkennung **B**

- Freiheit A
- Ehrlichkeit C

4. Welcher Vorwurf Ihres Vaters würde Sie am meisten kränken?

- »Ich bin sehr enttäuscht von dir.« B
- »Du bist völlig aus der Art geschlagen.« A
- »Du machst mir Kummer.« C
- »Du bist undankbar.« D

5. Ihr Chef lobt Ihren Kollegen für ein Projekt, das hauptsächlich Sie durchgeführt haben. Sie ...

- ... sind geknickt. Warum sieht er nicht, wer daran den Löwenanteil hat? B
- ... weisen diplomatisch auf Ihren Anteil daran hin. C
- ... sind sauer. Sollen die demnächst sehen, wie sie klarkommen. D
- ... wehren sich: »Moment mal, wieso erntet er allein die Lorbeeren?« A

6. Was würde Ihnen am ehesten ein schlechtes Gewissen machen?

- Sie haben den Geburtstag Ihrer Mutter vergessen. B
- Sie haben einen guten Rat Ihrer Mutter missachtet und sind gescheitert. A
- Bisher haben Sie Weihnachten bei Ihrer Mutter verbracht. Diesmal wollen Sie lieber gemeinsam mit Freunden feiern. C
- Sie haben sich ewig nicht mehr bei Ihrer Mutter gemeldet. D

7. Romeo und Julia – Liebende, die verfeindeten Familien angehören. Hier dürfen Sie das Drama umschreiben. Was lassen Sie Julia sagen?

- »Oh Romeo, nun bin ich nicht länger die Tochter der Capulets, ich bin dein!« D
- »Meinen Eltern bräche es das Herz, würde ich mich gegen sie stellen.« C

- »So glaube mir, niemals teilte ich die feindliche Gesinnung der Capulets.« A
- »Liebster, so versuche doch, meine Eltern von deiner Würdigkeit zu überzeugen.« B

8. Wie verhalten Sie sich bei Streit, etwa in der Partnerschaft?

- Ich werde schon mal laut und knalle wütend die Tür zu. A
- Ich ziehe mich meist schweigend zurück. D
- Ich gebe oft um des lieben Friedens willen nach. C
- Ich überlege auch, was mein Anteil am Konflikt ist. B

9. Familienromane boomen. Welchen lesen Sie am liebsten weiter?

- Eleonore wandte sich um: »Was in unserer Familie geschieht, bleibt unter uns. Niemand darf erfahren, dass wir pleite sind.« – »Richtig«, pflichtete ihr Maximilian bei. »Unser Ruf muss untadelig bleiben.« C
- Jeremy zog den Reißverschluss seiner Lederjacke hoch und stieg aufs Motorrad. »Fahr nicht so schnell«, bat Mrs. Shaw. »Keine Sorge, Mum. Ich komme heil zurück.« Besorgt sah sie ihm nach. A
- »Meine Tochter Klara übernimmt jetzt den Laden«, sagte Heinrich Kirschbaum. Der Kunde schaute zweifelnd: »Sie ist noch so jung. Kann sie das denn?« – »Und ob!«, erwiderte Heinrich voller Stolz. B
- Lena bestieg mit ihrem Bündel das Schiff. Sie war heilfroh, Hamburg und ihren untreuen Freund Piet für immer zu verlassen. In Amerika wartete das Glück auf sie, da war sie sich sicher. D

10. Wie waren Sie denn so in der Pubertät?

- Ich habe einiges hinter dem Rücken meines Vaters angestellt. C
- Ich war erstaunlich brav und wollte meinem Vater keinen Kummer machen. B
- Ich fand meinen Vater megapeinlich und habe ihn möglichst ignoriert. D
- Ich war ziemlich extrem und habe meinen Vater oft geschockt. A

11. In einer Talkshow diskutieren Pädagogen über die Folgen von Erziehung. Wem stimmen Sie am meisten zu?

- »Man erntet immer, was man sät. Lieblose Eltern dürfen sich nicht wundern, wenn ihnen ihre Kinder später die kalte Schulter zeigen.« **D**
- »Viele Eltern versuchen, ihre Kinder nach ihren Vorstellungen zu formen. Damit nehmen sie ihnen Eigenständigkeit.« **B**
- »Was wir in den Familien brauchen, ist eine Streitkultur. Sonst lernen die Kinder nie, wie man Konflikte konstruktiv austrägt.« **C**
- »Zu viel Strenge und autoritäres Verhalten bewirkt meist das Gegenteil von dem, was die Eltern anstreben.« **A**

12. Was würden Sie einem Kind weitergeben, das Sie sehr lieben?

- Hör auf dein Herz, es führt dich richtig. **B**
- Denk positiv und bleib optimistisch. **C**
- Folg deinen Träumen, egal was andere sagen. **A**
- Behalt deinen Selbstrespekt, erlaub keinem, dich schlecht zu behandeln. **D**

13. Sie geben eine Zeitschrift für junge Eltern heraus. Welchen Artikel nehmen Sie am liebsten ins Heft?

- »Was Ihr Kind jetzt können sollte« **B**
- »Kinder brauchen Quality-Time« **C**
- »Prinz und Prinzessin – Warum Verwöhnen schadet« **D**
- »Jedes Kind ist eine Persönlichkeit« **A**

14. Angenommen, in Ihrer Familiengeschichte hätte es diese Menschen gegeben – wen würden Sie am meisten bewundern?

- Sie wollte Schauspielerin werden. Ihre Eltern verboten ihr den unsoliden Beruf. Sie meldete sich heimlich an einer Schauspielschule an und zog das neben ihrer Banklehre durch. Später wurde sie sehr bekannt. **A**
- Seine Mutter starb, als er ein kleiner Junge war. Der Vater heiratete

wieder. Die Stiefmutter lehnte das Kind ab. Mit sechzehn zog er aus und ging zur See. Er machte das Kapitänspatent und bereiste die Welt. **D**

- Die Eltern hatten sich verspekuliert und einen riesigen Schuldenberg angehäuft. Als Ältester übernahm er die marode Firma. Er schuftete Tag und Nacht und machte daraus ein profitables Unternehmen. **B**
- Nach einem Unfall war sie gelähmt und saß im Rollstuhl. Aber sie verlor weder ihren Mut noch ihre Lebenslust. Sie konnte sich an den kleinsten Dingen freuen und war ein Sonnenschein für ihre ganze Umgebung. **C**

15. Sie liegen beim Psychoanalytiker auf der Couch. Welches Problem könnte sich da wohl zeigen?

- Sie verdrängen negative Gefühle. **C**
- Sie haben Angst vor Nähe. **D**
- Ihnen fällt es schwer, sich abzugrenzen. **B**
- Sie sind zu impulsiv. **A**

16. Sie besuchen am Wochenende Ihre Eltern. Welches Szenario kommt Ihnen bekannt vor?

- Meine Mutter kritisiert mein Aussehen, mein Vater will wissen, wie es beruflich läuft. Sofort fühle ich mich wieder wie ein Kind. **B**
- Meine Mutter kocht mein Lieblingsessen, mein Vater zeigt mir seine neueste Errungenschaft. Es herrscht Friede, Freude, Eierkuchen. **C**
- Meine Mutter erzählt irgendwelche Geschichten, mein Vater sitzt vor dem Fernseher – ich bin froh, wenn ich wieder weg bin. **D**
- Meine Eltern haben so konservative Ansichten. Es dauert nicht lange und wir bekommen uns in die Haare. **A**

17. Am ehesten würden Sie Ihren Eltern verschweigen, dass …

- … Ihre Ehe in einer Krise steckt. **C**
- … Sie Ihren Job geschmissen haben. **A**

- ... Sie aus der Kirche ausgetreten sind. B
- ... Sie sich unsterblich verliebt haben. D

18. Keine Kindheit ist nur glücklich, aber auch daraus kann man Gewinn ziehen. Was hat Ihnen Ihre Kindheit in diesem Sinne Positives gebracht?

- Ich kann mich gut in andere Menschen einfühlen. B
- Ich verlasse mich vor allem auf mich selbst. D
- Ich komme mit den unterschiedlichsten Menschen gut aus. C
- Ich nehme mir die Freiheit, ich selbst zu sein. A

Testauswertung

Zählen Sie zusammen, wie oft Sie die Buchstaben A, B, C und D angekreuzt haben. Die Auflösung finden Sie unter dem Buchstaben, den Sie am häufigsten gewählt haben. Haben Sie mehrere Buchstaben gleich häufig angekreuzt, lesen Sie zunächst Auflösung E.

A SIE REAGIEREN MIT REBELLION

Ihre Haltung gegenüber Ihren Eltern ist von Widersprüchen geprägt. Natürlich gibt es auch ruhige und friedliche Momente innerhalb Ihrer Familie, in denen Sie sich gut verstehen. Aber Sie scheuen keine Auseinandersetzung, wenn es darum geht, Ihren Lebensstil und Ihre individuellen Werte zu verteidigen. Das ist zum einen Ihrem Naturell geschuldet: Freiheitsliebend und selbstbewusst setzen Sie sich Ihre eigenen Ziele. Falls das jedoch im Kontrast zu dem steht, was Ihre Eltern sich für Sie wünschen, sind Konflikte vorprogrammiert. In dem Fall ist Ihr rebellisches Verhalten im Grunde nur ein Ausdruck Ihrer Eigenständigkeit. Die ist im Prinzip gut und richtig, denn ohne, dass sich die nachfolgende Generation von der vorherigen absetzt, gäbe es keinen Fortschritt. Es ist aber auch möglich, dass Ihre Eltern Ihnen immer noch Vorschriften machen wollen und Sie häufig kritisieren. Verständlicherweise löst Bevormundung Ihre Gegenwehr aus. Schließlich sind Sie erwachsen und bestimmen selbst, was gut für Sie ist.

So können Sie gut miteinander umgehen

Machen Sie sich klar, dass Rebellion nur die Kehrseite der Anpassung ist. Solange Sie heftig oder trotzig reagieren, sind Sie innerlich nicht wirklich frei. Sie werden die Einstellung Ihrer Eltern vermutlich nicht ändern. Warum also sich unnötig daran abarbeiten? Gehen Sie Ihren eigenen Weg, ohne

Ihren Vater oder Ihre Mutter damit zu provozieren. Manches müssen sie gar nicht wissen. Und wenn doch, lassen Sie sich nicht auf fruchtlose Auseinandersetzungen ein. Atmen Sie tief durch und sagen Sie gelassen: »Das sehe ich nun mal anders«, oder: »Ihr Lieben, das ist mein Leben«.

B SIE REAGIEREN MIT ANPASSUNG

Sie haben wahrscheinlich ein gutes Verhältnis zu Ihren Eltern. Kein Wunder, denn Sie zeigen im Umgang mit ihnen viel Übereinstimmung. Offenbar haben Sie die gleichen Werte, eine ähnliche Arbeitsmoral und teilen die Ziele Ihrer Eltern. Die Frage ist nur, ob das tatsächlich immer so ist – oder ob hinter der Übereinstimmung nicht doch hier und da die Angst steckt, Sie könnten andernfalls ihr Wohlwollen verlieren. Ihnen liegt viel an der Anerkennung Ihrer Eltern, und deshalb tun Sie einiges, um sie zu erhalten.

Übrigens sind es oft die Ältesten in der Geschwisterfolge oder Einzelkinder, die laut Studien diesen Weg einschlagen, da sie mit ihren Eltern besonders verbunden sind. Was Ihre Anpassung außerdem unterstützt, dürfte Ihre Sensibilität sein. Vielleicht haben Sie es schon als Kind gespürt, wenn Ihre Eltern überfordert waren oder Kummer hatten. Ein empfindsames Kind nimmt sich dann zurück und stellt die eigenen Bedürfnisse hintan, um keine Belastung zu sein. Die Gefahr ist nur, dass es später seine Wünsche nicht mehr spürt und die der Eltern zu seinen eigenen macht.

So können Sie gut miteinander umgehen

Sie sind nicht der verlängerte Arm Ihrer Eltern, sondern haben ein Recht auf eigene Gedanken und Gefühle. Nehmen Sie sich die Zeit, sie zu entdecken. Fragen Sie sich: Was will ich? Was sind meine Herzenswünsche? Schaffen Sie sich dafür Freiräume. Machen Sie sich gegebenenfalls von dem Bedürfnis nach Anerkennung frei. Wenn Sie sie bekommen – wunderbar. Aber gehen Sie nicht auf den Handel »Liebe gegen Wohlverhalten« ein.

C SIE REAGIEREN MIT HARMONIE

Man darf Sie sich als einen friedlichen Menschen vorstellen. Wenn Ihnen etwas widerstrebt, dann sind es Zank und Streit. Vermutlich werden Sie in Ihrem Umfeld häufig als Troubleshooter eingesetzt und übernehmen den Auftrag, Auseinandersetzungen zu schlichten. Dank Ihrer diplomatischen Art fällt es Ihnen leicht, Kompromisse auszuhandeln. Diese Fähigkeit kommt nicht von ungefähr. Sie dürften sie bereits in Ihrem Elternhaus perfektioniert haben. Möglicherweise waren Sie der kleine Friedensengel, der Mama oder Papa in gute Laune versetzte und der bis heute dafür sorgt, dass die elterliche Beziehung im Gleichgewicht bleibt. Es kann aber auch ganz anders sein: Das Harmoniebedürfnis geht von Ihren Eltern aus. Konflikte haben sie hinter verschlossenen Türen geklärt und vor Ihnen Einigkeit demonstriert. Oder, was natürlich wunderbar wäre: Die Beziehung Ihrer Eltern ist tatsächlich sehr liebevoll und harmonisch. Dann haben Sie sich das Modell abgeschaut und es übernommen.

So können Sie gut miteinander umgehen

Nichts gegen echte Harmonie, die dürfen Sie genießen. Aber vollständige Übereinstimmung ist meist eine Illusion. Wenn Konflikte unter den Teppich gekehrt werden, besteht die Gefahr, dass sie eines Tages heftig ausbrechen. Sie müssen Ihre Eltern nicht auf Unstimmigkeiten hinweisen, wohl aber sollten Sie kein falsches Spiel mitspielen. Seien Sie offen und ehrlich, was Ihre Einstellung betrifft, auch wenn es dann Ärger im Paradies gibt.

D SIE REAGIEREN MIT ABGRENZUNG

Zwischen Ihnen und Ihren Eltern besteht eine innere und vielleicht auch äußere Distanz. Im besten Fall gehen Sie freundlich und höflich mit ihnen um, im schlimmsten herrscht Funkstille. Was ist passiert? Ohne Grund entsteht kein Graben zwischen Eltern und Kind. Möglich ist, dass Sie Ihren Eltern vorwerfen, sie hätten Sie in jungen Jahren nicht genügend unterstützt. Auch schwierige Familienverhältnisse, Enttäuschungen und Unversöhnlichkeit können dazu führen, dass man sich später zurückzieht. Möglicherweise ist das Pendel aber auch zur anderen Seite ausgeschlagen: Ihre Eltern sind überfürsorglich. Sie mischen sich liebevoll in Ihre Angelegenheiten ein und wollen einfach nicht loslassen. Diese Liebe empfinden Sie als erdrückend. Nach dem Motto »Rette sich, wer kann« versuchen Sie ihr zu entkommen.

So können Sie gut miteinander umgehen

Wie Sie sich am besten verhalten, hängt von Ihren Eltern ab. Wenn die Begegnung mit ihnen Sie jedes Mal deprimiert und Sie anschließend lange brauchen, um sich davon zu erholen, dann ist Rückzug angebracht. Sie haben das Recht, an sich zu denken, und müssen nicht alles hinnehmen, nur weil es Ihre Eltern sind. Sind diese dagegen durchaus liebevoll, nur manchmal etwas übergriffig, dann sollten Sie klare Grenzen setzen.

E SIE REAGIEREN VIELFÄLTIG

Sie reagieren recht unterschiedlich auf Ihre Eltern. Wie, das lesen Sie unter den Buchstaben, die Sie gleich häufig gewählt haben. Ihre Vielseitigkeit ist zunächst ein Plus, denn sie erlaubt es Ihnen, sich auf unterschiedliche Situationen flexibel einzustellen. Sie kann aber auch zu widersprüchlichem Verhalten führen. Wobei sich oft eines aus dem anderen ergibt, sobald eine Seite überzogen wird. Dann entsteht etwa aus zu starker Anpassung Abgrenzung und aus zu viel Harmonie Rebellion. Sie können jedoch immer versuchen, eine souveräne Reaktion zu zeigen.

Für Ihren weiteren Weg

Um den optimalen Weg zu finden, wie Sie sich gegenüber Ihren Eltern verhalten können, ohne sich selbst oder sie zu verletzen, stellen Sie sich folgende Fragen:

- Wann und durch was fühle ich mich in der Interaktion mit meinen Eltern verletzt? Welchen Grund könnte es für deren Verhalten geben?
- Wann und durch was verletze ich meine Eltern? Welche tieferliegende Emotion steckt dahinter? Warum handle ich in bestimmten Situationen so?
- Was ist positiv an unserer Beziehung und in welchen Situationen / Bereichen unterstützen wir einander?
- Welche Charaktereigenschaften und Teile meines Lebens verberge ich vor meinen Eltern und warum?
- Welche Werte und Ansichten meiner Eltern verstehe ich nicht? Woher könnten diese bei ihnen herrühren? Könnte ich verständnisvoller sein?
- In welchen Situationen wünsche ich mir mehr Verständnis meiner Eltern? Kann ich dies ihnen gegenüber ansprechen?

STEIGERUNG MEINES WOHLBEFINDENS

Allein zu Hause – Was tut mir gut?

Es gibt ein Alleinsein, das uns guttut. In der englischsprachigen Sozialforschung ist hier von *solitude* die Rede. Dieser Begriff hat im Deutschen keine wirkliche Entsprechung. In seinem Buch *Privacy and Freedom* beschreibt der Rechtswissenschaftler Alan Westin *solitude* als einen privaten Raum, in dem Menschen ungestört und losgelöst von sozialen Anforderungen ihren Interessen nachgehen können. Die Anwesenheit anderer Menschen übt immer auch Druck auf uns aus – wir müssen uns koordinieren, einschränken, Kompromisse eingehen. Von diesen Zwängen befreien wir uns erst, wenn wir allein sind. Wir können die positiven Effekte des Alleinseins für uns nutzen. Dazu müssen wir durch ein sicheres soziales Umfeld lernen, keine Angst davor zu haben. Wenn wir fühlen, dass unsere Liebsten uns auch dann den Rücken stärken, wenn wir allein sind, kann jede noch so einsame Einöde zu einem erholsamen Ort werden.

Eine Zeit lang daheim zu verbringen, kann also durchaus bereichernd sein. Durch bestimmte, auf Ihre Persönlichkeit angepasste Aktivitäten können Sie Ihr Wohlbefinden während des Alleinseins steigern. Je besser Sie sich kennen, desto mehr können Sie Ihren Rückzug genießen.

Um vorab ein Gefühl für Ihre Bedürfnisse im Rahmen Ihres Zuhauses zu bekommen, beantworten Sie folgende Fragen:

- Was tun Sie in der Regel, wenn Sie allein zu Hause sind?
- Welche Aktivitäten bereiten Ihnen Freude?
- Was würden Sie gerne häufiger machen?
- Nennen Sie fünf Gefühle, die das Alleinsein in Ihrem Zuhause bei Ihnen auslösen.

KREUZEN SIE IMMER DIE ANTWORT AN, DIE AUF SIE AM EHESTEN ZUTRIFFT.

1. **Die Kita macht Pause. Sie spielen Babysitter für die fünfjährige Tochter von Freunden. Womit beschäftigen Sie sich am liebsten?**

- Sie erzählen ihr eine Geschichte. **B**
- Sie spielen Kasperletheater. **D**
- Sie formen mit ihr Tiere aus Knete. **A**
- Sie legen mit ihr ein einfaches Puzzle. **C**

2. **Home-Workouts sind angesagt – Sport kann man auch zu Hause machen. Also …**

- … tanzen Sie Freestyle nach heißer Musik. **A**
- … trainieren Sie mit einer Fitness-App. **C**
- … üben Sie Yoga auf der Matte. **B**
- … machen Sie ganz normale Gymnastik, mit Sit-ups und Liegestütze. **D**

3. **Sie möchten ein neues Rezept ausprobieren. Gerne etwas …**

- … zu dem es auf *YouTube* ein Koch-Video gibt. **C**
- … Aufwendiges, mit dem Sie später Gäste beeindrucken können. **A**
- … das lecker und unkompliziert ist. **D**
- … Gesundes, mit Bio-Gemüse. **B**

4. **Welchem Spruch über Langeweile stimmen Sie am meisten zu?**

- »Geist ist die Voraussetzung von Langeweile.« Max Frisch **C**
- »Ist das Leben nicht hundertmal zu kurz, sich in ihm zu langweilen?« Friedrich Nietzsche **A**
- »Wer sich allein langweilt, ist auch zu zweit nicht sehr unterhaltsam.« Ben Kingsley **B**
- »Ein Langweiler ist ein Mensch, der redet, wenn du wünschst, dass er zuhört.« Ambrose Bierce **D**

5. **Sie spielen ein Videospiel, in dem Sie jede beliebige Identität annehmen können. Am liebsten sind Sie ...**

- ... eine Comicfigur wie aus den *Simpsons*, sympathisch und lustig. **D**
- ... ein Erfinder, wie in H. G. Wells' Roman *Die Zeitmaschine*. **C**
- ... Superman oder Wonderwoman – mal eben schnell die Welt retten. **A**
- ... ein weiser Mann oder eine weise Frau, wie Yoda in *Star Wars*. **B**

6. **Ein Freund liegt mit einem gebrochenen Bein im Bett. Wie trösten Sie ihn?**

- Das heilt bestimmt schnell und dann springst du wieder herum wie ein junges Reh. **A**
- Schöne Grüße von allen, sie kommen dich auch bald besuchen. **D**
- Andere haben Stress bis zum Burn-out, und du darfst dir Ruhe gönnen. **B**
- Du kannst doch die Zeit prima nutzen und zum Beispiel deine Sprachkenntnisse auffrischen. **C**

7. **Sie suchen ein kreatives Hobby für drinnen. Welches reizt Sie am ehesten?**

- Origami, die Kunst des Papierfaltens **C**
- Cupcakes backen **D**
- Aquarellmalen **B**
- Foto-Collagen basteln **A**

8. **Welchen prominenten Mann würden Sie gern mal zum Frühstück bei Ihnen zu Hause einladen?**

- Den Dalai Lama, geistliches Oberhaupt der Tibeter **B**
- Richard Branson, Unternehmer und Abenteurer **A**
- Hape Kerkeling, Moderator und Autor **D**
- Alexander Gerst, Physiker und Astronaut **C**

9. Sie machen Homeoffice. Was gefällt Ihnen daran besonders?

- Himmlische Ruhe, kein Lärmpegel wie im Büro. B
- Ich kann zwischendurch noch andere Dinge erledigen. A
- Ich kann mich besser konzentrieren, weil mich niemand unterbricht. C
- Ehrlich? Nichts. Mir fällt die Decke auf den Kopf. D

10. Ein Unwetter hält Sie in einer Berghütte fest. Wie vertreiben Sie sich die Zeit?

- Sie ziehen sich eine Regenjacke über und lassen sich den Wind um die Nase wehen. A
- Sie setzen sich ans Fenster und sehen dem Wolkenspiel zu. B
- Sie räumen erst mal die Hütte auf, damit es gemütlicher wird. D
- Sie studieren die Wanderkarte und überlegen, wohin Sie bei besserem Wetter gehen wollen. C

11. Schauen Sie mal zurück: Womit haben Sie sich im Alter von acht Jahren am liebsten beschäftigt?

- Ich habe mit meiner besten Freundin gespielt. D
- Ich habe mit anderen Kindern draußen herumgetobt. A
- Ich habe gemalt oder Kassetten gehört. B
- Ich war eine richtige Leseratte. C

12. Endlich haben Sie Muße, ein Sachbuch zu lesen. Am liebsten eins aus dieser Kategorie:

- Psychologie und Lebenshilfe B
- Politik und Gesellschaft C
- Gesundheit und Fitness A
- Biografien und Memoiren D

13. Suchen Sie sich einen kleinen Genuss aus:

- Ein entspannendes Schaumbad A
- Eine Zeitschrift mit vielen Anregungen C

- Eine Duftkerze mit Ihrem Lieblingsduft **B**
- Ein Cappuccino und ein Törtchen **D**

14. Welche Filmkritik lockt Sie, sich die DVD zu besorgen?

- Fritz Lang und Sergej Eisenstein haben einen würdigen Nachfolger gefunden. Brillant in die Gegenwart übersetzt. **C**
- Ein Film für die ganze Familie, so leicht wie ein Sommertag. Sie werden sich beschwingt fühlen. **D**
- Französischer Charme plus Qualität. Sehr romantisch und mit Herz gespielt. **B**
- Schnelle Schnitte, fantastische Effekte und eine coole Story – einfach mitreißend. **A**

15. Auf welches kulturelle Event freuen Sie sich am meisten?

- Eine Ballett-Aufführung **B**
- Ein Krimi-Festival mit bekannten Autoren **C**
- Ein Musical mit vielen Stars **D**
- Ein Rockkonzert Ihrer Lieblingsband **A**

Testauswertung

Zählen Sie zusammen, wie oft Sie die Buchstaben A, B, C und D angekreuzt haben. Die Auflösung finden Sie unter dem Buchstaben, den Sie am häufigsten gewählt haben. Haben Sie mehrere Buchstaben gleich häufig angekreuzt, lesen Sie zunächst Auflösung E.

A SIE ALLEIN ZU HAUSE – AKTIV

Etwas Physik zum Einstieg: Der berühmte Energieerhaltungssatz besagt, dass sich die Gesamtenergie eines geschlossenen Systems niemals ändert. Diese Gesetzmäßigkeit lässt sich – mit einem Augenzwinkern – durchaus auf Sie übertragen: Sie haben jede Menge Energie und das ändert sich nicht, nur weil Sie sich in Ihren eigenen vier Wänden befinden. Die Hände in den Schoß zu legen ist auch dort nicht Ihr Ding. Sie müssen etwas tun, sonst werden Sie nervös. Wenn Sie hier ebenfalls Ihr Faible für Nützlichkeit und Effektivität einsetzen, haben Sie davon in jedem Fall einen Gewinn. Es fördert die häusliche Organisation, zu der Sie wegen Ihrer vielen Aufgaben sonst so selten kommen.

Aktiv daheim

Gestalten Sie ihre Wohnung um. Machen Sie Gymnastik. Gönnen Sie sich ein ausführliches Pflegeprogramm. Probieren Sie neue Rezepte aus. Räumen Sie Schubladen auf. Ordnen Sie Papiere. Basteln Sie. Erledigen Sie kleine Reparaturen. Nähen Sie. Verschönern Sie den Garten oder Balkon.

Was Sie noch entdecken können: Entschleunigung

Zurecht macht es Ihnen Freude, viel zu schaffen. Aber um zu vermeiden, dass daraus auf Dauer ein Hamster-im-Rad-Gefühl wird, ist es sinnvoll, sich auch

Muße zu gönnen. Setzen Sie sich auf die Couch und geben sich Tagträumen hin oder sehen Sie Ihrer Zimmerpalme beim Wachsen zu. Am Anfang fällt es Ihnen vermutlich schwer, doch schon bald werden Sie es genießen. Und wie Sie ja wissen, geht Ihre Energie trotzdem nicht verloren.

B SIE ALLEIN ZUHAUSE – KONTEMPLATIV

Dass Sie kontemplativ sind, heißt nicht, dass Sie in Ihrer Wohnung beim Duft von Räucherstäbchen irgendwelche Mantras murmeln. Vielmehr bedeutet es, dass Ihnen Ihr Innenleben und dessen Pflege wichtig ist. In Ihnen steckt ein Philosoph und Sie wissen, dass die eigene Sicht auf die Welt die Realität entscheidend beeinflusst. Sensibel und nachdenklich, wie Sie sind, empfinden Sie den ständigen Umgang mit anderen Menschen eher als anstrengend. Sie brauchen regelmäßig Zeiten des Alleinseins, um aufzutanken. Von daher ist es für Sie kein großes Opfer, sich in Ihre vier Wände zurückzuziehen. Im Gegenteil, es erleichtert Sie, wenn Sie das auch mal ganz offiziell tun dürfen. Hier macht Sie alles glücklich, was Ihnen innere Ruhe schenkt.

Kontemplativ daheim

Hören Sie Musik. Aktualisieren Sie Ihre Playlist. Meditieren Sie. Machen Sie Yoga. Entspannen Sie sich in der Badewanne. Schreiben Sie Tagebuch. Lauschen Sie Hörbüchern. Schauen Sie sich Fotos an. Basteln Sie eine Wunschcollage. Kochen Sie Tee. Lesen Sie einen Roman.

Was Sie noch entdecken können: Ihre wilde Seite

Bevor Sie sich in Träumereien verlieren, sollten Sie auch einmal das Kontrastprogramm probieren: Suchen Sie im Radio statt sanfter Instrumentalmusik einen Sender mit Rockmusik und tanzen Sie dazu durchs Zimmer – es sieht ja keiner. Den Ingwertee ersetzen Sie durch einen Cocktail. Dazu lesen Sie die Biografie eines echten Bad Boys oder Bad Girls. Auch das ist die Welt!

C SIE ALLEIN ZU HAUSE – WISSENSDURSTIG

Wahrscheinlich fangen bei Ihnen viele Sätze an mit »Ich denke mal …«. Sie verlassen sich nämlich vor allem auf Ihren klaren Verstand. Planen, prüfen, überlegen – darin macht Ihnen so schnell keiner etwas nach. Beruflich wie privat fragt man Sie oft nach Ihrer Meinung, weil man weiß, dass Ihre Antwort stets gut durchdacht ist. Kein Wunder, denn von oberflächlichem Wissen halten Sie nicht viel. Sie gehen den Dingen gern auf den Grund. Allerdings fehlt Ihnen im Alltag dazu oft die Zeit – viele Eindrücke prasseln auf Sie ein und Sie können nicht allem genügend Zeit widmen. Diese Gelegenheit bietet sich Ihnen beim Alleinsein: Nutzen Sie die Zeit, um tiefer in ein für Sie interessantes Wissensgebiet einzudringen oder sich ein neues zu erschließen.

Wissensdurstig daheim

Sehen Sie sich Dokumentarfilme im Fernsehen oder in der Mediathek an. Suchen Sie sich TED-Talks auf *YouTube* aus. Machen Sie einen Online-Kurs. Hören Sie Podcasts. Lösen Sie Kreuzworträtsel und Sudokus. Frischen Sie eine Fremdsprache auf.

Was Sie noch entdecken können: Emotionen

Ihr kluger Kopf hat schon genug zu tun. Wie wäre es, wenn Sie auch einmal Ihre Gefühle aktivieren, die immer ein bisschen zu kurz kommen? Etwa mit einem Liebesfilm fürs Herz – die sind nicht grundsätzlich alle kitschig. Oder Sie gucken einen Thriller, bei dem Sie vor Aufregung die Luft anhalten. Dass die Logik in diesen Werken manchmal auf der Strecke bleibt – darüber sollten Sie großzügig hinwegsehen.

D SIE ALLEIN ZU HAUSE – KOMMUNIKATIV

Ihre besondere Fähigkeit liegt im persönlichen Kontakt. Wenn es darum geht, eine gute Atmosphäre zu schaffen, können Sie Ihre Qualitäten voll einbringen. Mit Ihrem unkomplizierten, freundlichen Wesen und Ihrem Sinn für Humor gewinnen Sie die Herzen. Sie unternehmen gern etwas mit der Familie, treffen Freunde oder gehen aus. Auch beruflich sind Sie mit Ihrer kommunikativen Art überall dort am richtigen Platz, wo Sie mit Menschen zu tun haben. Ihre Fähigkeiten entfalten Sie besonders gut im Team. Da liegt es auf der Hand, dass Ihnen ein einsamer Rückzug ins eigene Heim wie Einzelhaft vorkommt. Das muss aber nicht so sein. Sie können von dort aus Ihre Kontakte sogar erweitern und Spaß haben.

Kommunikativ daheim

Telefonieren Sie. Entdecken Sie ein Chat-Programm. Skypen Sie. Erkundigen Sie sich nach alten Freunden. Bringen Sie ihr Adressbuch auf den neuesten Stand. Schreiben Sie mal wieder einen Brief mit der Hand. Nutzen Sie Social Media wie Facebook oder Instagram.

Was Sie noch entdecken können: Das Schweigen

Wie Kontakt mit anderen geht, ist Ihnen schon klar. Aber wissen Sie auch, wie Sie sich selbst begegnen können? Mit einer Achtsamkeitsübung: Legen Sie sich auf den Rücken und schließen Sie die Augen. Atmen Sie ruhig ein und aus. Gehen Sie dann Ihren Körper von Kopf bis Fuß durch. Spüren Sie in sich hinein und lassen Sie bewusst alle Spannungen los.

E SIE ALLEIN ZU HAUSE – VIELSEITIG

Weil Sie eine so vielseitige Persönlichkeit sind, haben Sie beim Heimspiel eine große Auswahl an Möglichkeiten, sich zu beschäftigen. Welche das sind, lesen Sie unter den Buchstaben nach, die Sie gleich häufig gewählt haben. Es kann allerdings sein, dass sich die Seelen in Ihrer Brust widersprechen, etwa wenn Sie die kontemplative, aber auch die kommunikative Seite in sich haben. Dann fällt die Entscheidung schwer. Fragen Sie sich, worauf Sie aktuell am meisten Lust haben.

Für Ihren weiteren Weg

Zu wissen, was einem guttut, und zu erkennen, was man gerade braucht, ist Selbstfürsorge. Um also Ihre innere Kraft zu stärken, sollten Sie sich in regelmäßigen Abständen aus dem beruflichen und sozialen Stress rausnehmen und sich Ihre wohlverdiente Me-Time einräumen. Richten Sie diese entsprechend Ihres Test-Ergebnisses aus, sodass Sie Ihre Batterien vollständig aufladen können. Überlegen Sie sich nun abschließend fünf Dinge, die Sie unbedingt tun möchten, wenn Sie das nächste Mal allein zu Hause sind. Schreiben Sie sich Ihre Ideen auf, sodass Sie direkt Impulse für Ihre nächste Me-Time haben und diese umsetzen können. Dadurch vermeiden Sie, in alte Muster zu verfallen und eventuell die kostbare Zeit mit sich selbst am Smartphone zu »verdaddeln«.

Welcher Auszeittyp bin ich?

Manchmal reicht schon eine schöne Mittagspause oder ein entspanntes Wochenende, ein andermal hilft nur die Fernreise oder ein mehrmonatiges Sabbatical. Eine gute Auszeit sieht bei jedem anders aus. Was für Sie erholsam ist, hängt von Ihrer Persönlichkeit ab. Deshalb ist es wichtig, dass Sie Ihre Bedürfnisse kennen und Ihre Pausen vom Alltag auf diese so gut wie möglich abstimmen.

Überlegen Sie sich vorab, wann Sie sich das letzte Mal bewusst eine Auszeit genommen haben.

- Was haben Sie in dieser Zeit gemacht?
- Was hat Ihnen besonders gut an dieser Zeit gefallen?
- Was hat Sie an dieser Zeit gestört?
- Nennen Sie fünf Gefühle, die Sie mit dieser Auszeit verbinden.
- Was hätten Sie besser / anders machen wollen?

Testen Sie nun, wie Sie am besten entspannen können, und worauf Sie dabei achten sollten.

KREUZEN SIE IMMER DIE ANTWORT AN, DIE AUF SIE AM EHESTEN ZUTRIFFT.

1. **Welches Paar möchten Sie im Urlaub kennenlernen?**

- Katrin und Marc sind begeisterte Segler. Mit ihrem Schiff sind sie schon um die halbe Welt gesegelt. **B**
- Kim und Mika machen jeden Tag einen Ausflug. Sie haben gute Tipps, wo es sich lohnt, hinzufahren. **D**
- Charlotte und Felix lachen viel und versprühen gute Laune. Tagsüber am Pool, abends an der Hotelbar. **C**
- Sina und Alexander arbeiten in einem Architekturbüro. Sie haben große Kenntnisse über die örtlichen Baudenkmäler. **A**

2. **Welchen sinnlichen Moment in der Natur erleben Sie am liebsten?**

- Sie hören die Amseln und Rotkehlchen zwitschern. **C**
- Sie spüren den frischen Wind in den Haaren. **B**
- Sie sehen rote Mohnblumen in einem Kornfeld. **D**
- Sie schauen zu, wie die Wolken am Himmel vorüberziehen. **A**

3. **In der Firma gönnen Sie sich mal 15 Minuten Pause. Sie ...**

- ... informieren sich kurz in einem Online-Magazin. **D**
- ... plaudern mit Kollegen in der Kaffeeküche. **C**
- ... schließen die Augen und entspannen sich. **A**
- ... machen am offenen Fenster ein paar Dehnübungen. **B**

4. **Welche Mischung von Eigenschaften beschreibt Sie am besten?**

- Offen für Neues, fantasievoll, lebhaft **D**
- Engagiert, aktiv, zielstrebig **B**

- Sensibel, gewissenhaft, mitfühlend **A**
- Herzlich, spontan, unkompliziert **C**

5. Auch wenn es nur eine schöne Fantasie ist ... Stellen Sie sich mit geschlossenen Augen die folgenden Szenen der Reihe nach vor. Wobei fühlen Sie sich am wohlsten?

- Sie sitzen in einem Tempel in Myanmar. Vor einer goldenen Buddha-Statue umweht Sie der Duft von Räucherstäbchen. **A**
- Sie nehmen an dem Sundance Film Festival in Salt Lake City teil, mit Kurzfilmen, Livemusik-Events und Diskussionen. **D**
- Sie feiern ausgelassen beim Karneval in Rio. Um Sie herum Sambatänzer und Trommler, die Luft ist voller Konfetti. **C**
- Nach einem anstrengenden Aufstieg stehen Sie auf dem Gipfel des Kilimandscharo und über glitzerndem Eis geht die Sonne auf. **B**

6. Welche Assoziation haben Sie am ehesten bei dem Begriff »Auszeit«?

- Weite – frei – atmen **A**
- Reiz – Neugier – inspiriert **D**
- Sonne – treffen – Kontakt **C**
- Schwung – Ziel – bewegen **B**

7. Ein verregneter Sonntagnachmittag. Macht nichts, sagen Sie sich. Sie liegen gemütlich auf der Couch und ...

- ... telefonieren mit Freunden. **C**
- ... zappen durchs Fernsehprogramm. **B**
- ... träumen vor sich hin. **A**
- ... schauen auf Ihrem Smartphone, was es Neues gibt. **D**

8. Was haben Sie als Kind besonders gerne getan?

- Ich habe draußen mit den Nachbarskindern herumgetobt. **B**
- Ich habe mit meinem besten Freund gespielt. **C**

- Ich habe mich verkleidet und mir dann Geschichten ausgedacht. **D**
- Ich war zu Hause, habe gelesen oder gebastelt. **A**

9. Welchem dieser vier Sprüche über Freiheit stimmen Sie am meisten zu?

- »Niemand ist frei, der über sich selbst nicht Herr ist.« Matthias Claudius **B**
- »Wer sagt: Hier herrscht Freiheit, der lügt, denn Freiheit herrscht nicht.« Erich Fried **A**
- »Die Freiheit ist wie das Meer: Die einzelnen Wogen vermögen nicht viel, aber die Kraft der Brandung ist unwiderstehlich.« Václav Havel **C**
- »Die Freiheit der Fantasie ist keine Flucht in das Unwirkliche; sie ist Kühnheit und Erfindung.« Eugéne Ionescu **D**

10. Sie suchen noch Ideen für Ihr halbjähriges Sabbatical. Was spricht Sie am meisten an?

- Auf dem Jakobsweg wandern. Oder ein Musikinstrument lernen. Einen Achtsamkeits- oder Meditationskurs machen. **A**
- Sich mehr um die Familie kümmern. Oder eine Hilfsorganisation unterstützen. Einen Sprachkurs im Ausland machen. **C**
- Sich als Gast an der Uni einschreiben. Oder ein Blog schreiben, *YouTube*-Videos drehen. Einen Fotokurs machen. **D**
- Ein Praktikum in einem anderen Bereich machen. Oder die Wohnung renovieren. Den Motorrad- oder Bootsführerschein machen. Work and Travel. **B**

11. Wie nutzen Sie Ihre Mittagspause?

- Sie essen in aller Ruhe, gerne gemeinsam mit anderen. **C**
- Sie kaufen noch schnell im Supermarkt etwas ein. **B**
- Sie machen einen kleinen Spaziergang durch den Park. **A**
- Die Zeit reicht gerade, um eine Ausstellung zu besuchen. **D**

12. Als berühmter Reiseschriftsteller suchen Sie für Ihr neues Werk einen guten Titel. Sie entscheiden sich für ...

- ... »Menschen, die mir einst begegneten« **C**
- ... »Einmal Globus und retour« **B**
- ... »Mehr sehen, mehr verstehen« **D**
- ... »Die Kunst des Reisens« **A**

13. Vier Freundinnen berichten begeistert von ihrem Wochenende. Welche der Frauen verstehen Sie am besten?

- »Wir haben eine Radtour gemacht. Das Wetter war nicht so toll, aber trotzdem hat es Spaß gemacht, einmal rund um den See zu fahren.« **B**
- »Wir haben ein Nachbarschaftsfest organisiert. Jeder hat etwas zu essen und zu trinken mitgebracht. So hat man sich näher kennengelernt.« **C**
- »Ich hatte endlich mal Zeit für mich. Im Bad habe ich das volle Pflegeprogramm durchgezogen und dann auf der Couch meine Lieblingsserie geguckt.« **A**
- »Ich war auf einer Vernissage. Noch interessanter als die Bilder war das Publikum, lauter schräge Künstlertypen, die wild diskutierten.« **D**

14. Sie dürfen eine einwöchige Auszeit verbringen. Am liebsten buchen Sie...

- ... eine kulinarische Tour zu Weingütern. **C**
- ... ein Schweige-Retreat in einem Kloster. **A**
- ... ein Seminar in einer Sommerakademie. **D**
- ... einen Surfkurs auf einer Insel. **B**

15. Aussteiger sprechen über ihre »Initialzündung«. Wen verstehen Sie am besten?

- »Ich sah meine Kinder meist nur noch abends schlafend im Bett. Mir wurde klar: Irgendwann würden sie groß sein, und dann wäre es zu spät.« C
- »Ich erledigte zum x-ten Mal die übliche Routinearbeit. Plötzlich fragte ich mich: Soll das so weitergehen, bis ich 65 bin? Ich langweile mich ja jetzt schon.« D
- »Beim Camping trafen wir ein Paar, das vor ein paar Jahren alles verkauft hatte und dann mit dem Wohnmobil durch Amerika gefahren war. Ich war davon sofort angefixt.« B
- »Ich konnte nachts schon nicht mehr schlafen, die Verantwortung und der ganze Stress. Ich sagte mir: Wenn ich bescheiden lebe, dann kann ich tun und lassen, was ich will.« A

16. Wobei würden Sie sich besonders langweilen?

- In einem Meeting geht es um trockene Zahlen und Fakten. D
- Auf einer Party wird den ganzen Abend nur oberflächlicher Small Talk gemacht. A
- Bei einem Jubiläum müssen Sie sich stundenlang Reden anhören. B
- Sie warten im Café auf jemanden. Der verspätet sich mächtig. Und Sie sind ohne Handy. C

17. Welcher kleine Glücksmoment im Alltag würde Sie am meisten erfreuen?

- Sie genießen eine Dusche nach dem Work-out. B
- Sie haben eine gute Idee, wie Sie ein Problem lösen. D
- Sie finden antiquarisch ein Buch, das Sie schon lange gesucht haben. A
- Sie bekommen ein Kompliment für Ihr gutes Aussehen. C

Testauswertung

Zählen Sie zusammen, wie oft Sie die Buchstaben A, B, C und D angekreuzt haben. Die Auflösung finden Sie unter dem Buchstaben, den Sie am häufigsten gewählt haben. Haben Sie mehrere Buchstaben gleich häufig angekreuzt, lesen Sie zunächst Auflösung E.

A DER AQUARIUM-TYP

Das passende Bild: Vor dem Aquarium sitzen und die Bewegung der Fische beobachten

Sie sind sensibel und nachdenklich. Werte spielen für Sie eine große Rolle, vor allem Zuverlässigkeit. Ihr ausgeprägter Wunsch nach Harmonie führt oft dazu, dass Sie sich anpassen und Kompromisse eingehen. Das macht Sie zwar beliebt, ist aber auf Dauer anstrengend, weil Sie dazu einen Teil Ihrer Persönlichkeit unterdrücken müssen. Deshalb entspannen Sie sich am besten in aller Freiheit allein oder mit einem vertrauten Menschen. So finden Sie in Ruhe zu sich selbst. Ihnen tut alles gut, was ohne Leistungsdruck möglich ist, wie Spazierengehen, Träumen oder Lesen. Kunst und Kultur sind für Sie ein Lebenselixier. Museen und Musik entführen Sie in andere Welten. Ihr Körper liebt Auszeiten auf sanfte Art, wie es Yoga oder Qigong bieten. Meditation beruhigt nicht nur Ihren Geist, sie kommt auch Ihrem Sinn für Spiritualität entgegen. Mit Schreiben können Sie Ihre Stimmung ausdrücken und zu innerer Klarheit finden. Ein Tagebuch erlaubt es Ihnen, ohne Zensur Ihren Gedanken freien Lauf zu lassen. Für eine längere Auszeit könnte für Sie ein Achtsamkeitstraining, ein Schweige-Retreat oder eine Pilgerreise, etwa auf dem Jakobsweg, das Richtige sein.

Mehrwert für Ihre Auszeit:

Haben Sie kein schlechtes Gewissen!

Unsere auf Leistung gepolte Gesellschaft akzeptiert keine Passivität. Kein Wunder, wenn Sie deshalb Schuldgefühle haben. Doch ganz zu Unrecht! Die Hirnforschung belegt, dass unser Gehirn in Mußezeiten sogar besonders effektiv arbeitet und frische Ideen produziert. Also, träumen Sie weiter.

Lassen Sie sich nicht drängen.

Sagen Sie auch mal Nein, wenn andere sich weit im Voraus mit Ihnen verabreden wollen. So vermeiden Sie, sich in ein Zeitkorsett zu zwängen, und können spontan auf Ihre aktuellen Bedürfnisse reagieren.

Machen Sie öfter mal Pause.

Bei aller Disziplin sollten Sie sich eines unbedingt klarmachen: Ihnen liegt ein Sprint mehr als ein Marathonlauf. Wenn Sie Ihre Arbeit verbissen durchhalten, führt das nur zu Frust und depressiver Verstimmung. Genehmigen Sie sich öfter mal eine kurze Auszeit, um anschließend umso frischer weiterzumachen.

B DER RENNRAD-TYP

Das passende Bild: Auf einem Rennrad den Berg hochstrampeln

Sie stecken voller Energie. Stillstand macht Sie ungeduldig. Außerdem brauchen Sie immer wieder die Herausforderung. Einfach kann schließlich jeder, für Sie darf es gerne ein höherer Schwierigkeitsgrad sein. Sie lieben die Bewegung, und das sowohl mental als auch körperlich. Von daher erholen Sie sich nur dann wirklich, wenn Ihre Auszeit mit Aktivität oder einem konkreten Ziel verbunden ist. Sport ist für Sie ideal, denn er fordert Sie und bringt Sie in Schwung. Auch Outdoor-Aktivitäten wie Gärtnern sind für Sie Erholung pur. Besonders geeignet sind Hobbys, bei denen es einen Wettbewerb gibt, sei es mit anderen oder im Vergleich mit sich selbst, indem Sie sich steigern. Nicht nur bei der Arbeit, auch bei einer Auszeit schenkt Ihnen ein sichtbarer Effekt besondere Befriedigung. Etwa, wenn Sie einem Handwerk nachgehen oder Ihre Wohnung renovieren. Für eine längere Auszeit empfehlen sich Volunteering (ein Mittelding zwischen Urlaub und freiwilliger Arbeit), Work and Travel, ein Segeltörn oder eine Wandertour.

Mehrwert für Ihre Auszeit:

Achten Sie auf den Unterschied.

Auch wenn Ihre Auszeit ebenso herausfordernd wie Ihre Arbeit sein darf, achten Sie darauf, dass sich beide nicht zu ähnlich sind. Sonst ist Ihre Auszeit nur eine Variante der Arbeit und hat keinen erholsamen Effekt.

Überfordern Sie sich nicht.

Wenn Sie von etwas begeistert sind, verlieren Sie leicht das Gefühl für Ihre Grenzen. Dann powern Sie los und merken erst hinterher, dass es vielleicht doch etwas zu viel gewesen ist. Hören Sie deshalb gut auf Ihren Körper. Er sagt Ihnen nämlich ganz deutlich, wann Sie dabei sind, sich zu übernehmen.

Gehen Sie ab und zu in die Ruheposition.

Falls Sie immer nur aktiv sind, kann sogar die Auszeit auf Dauer zu einem Hamsterrad werden, das sich unablässig dreht. Auch wenn es einem dynamischen Typ wie Ihnen schwerfällt: Zwingen Sie sich gelegentlich zu einer ruhigen Beschäftigung. Lesen Sie ein Buch oder hören Sie einen Podcast.

C DER PICKNICK-TYP

Das passende Bild: Mit Freunden picknicken

Sie sind ein sehr sozialer Mensch, mit Herz und Sinn für Humor. Um sich wohlzufühlen, brauchen Sie vor allem Zugehörigkeit. Das bezieht sich auf diejenigen, die Ihnen nahestehen. Aber es gilt auch für Ihre Umgebung. Eine Auszeit in Einsamkeit wäre für Sie mehr Folter als Erholung. Sie müssen Menschen um sich haben, die mit Ihnen auf einer Wellenlänge liegen. Generell gilt: Passend für Sie ist alles, was man in einer Gruppe machen kann. Nummer eins ist die Familie, ihr widmen Sie Ihre Freizeit. Mit dem Partner eine Radtour machen, mit den Kindern in den Zoo gehen – dabei tanken Sie auf. Das funktioniert auch mit Wahlverwandten: mit Freunden grillen, tanzen, kochen. Natürlich könnten Sie allein ins Kino, Theater oder Musical gehen, aber mit anderen erhöht es für Sie das Vergnügen. Das Kind in Ihnen will in der Auszeit gerne spielen, in einer Kartenrunde oder bei einem Spieleabend. Wenn Sport, dann in der Nordic-Walking-Gruppe oder im Fußballverein. Für längere Auszeiten bieten sich eine Gruppenreise, Camping oder ein Sprachkurs an.

Mehrwert für Ihre Auszeit:

Suchen Sie sich Ihre Freunde gut aus.

Ihre Auszeit ist so gut wie die Freunde, mit denen Sie sie teilen. Achten Sie darauf, dass Sie sich mit Menschen umgeben, die eine positive Ausstrahlung haben. Nörgler und Miesepeter gehören definitiv nicht dazu.

Halten Sie es einfach.

Möglicherweise setzen Sie sich mit dem Ziel unter Druck, den anderen bei Auszeiten etwas Besonderes zu bieten. Das muss gar nicht sein. Die Hauptsache ist, dass Sie sich gut miteinander verstehen und zusammen Spaß haben. Dann sind Spaghetti mit einer leckeren Sauce ebenso effektvoll wie Champagner und Kaviar.

Seien Sie spontan.

»Man muss die Feste feiern, wie sie fallen«, sagt das Sprichwort. Wenn Ihnen eine gute Idee für den Feierabend oder fürs Wochenende kommt, dann verdrängen Sie sie nicht vor lauter Bedenken, Sie könnten andere damit nerven. Machen Sie Vorschläge. Wer keine Lust hat, kann ja »Nein« sagen.

D DER GRAFFITI-TYP

Das passende Bild: Mit einer Spraydose eine Wand bunt ansprühen

Sie sind im positiven Sinne neugierig auf Menschen, Ereignisse und Informationen. Routine und Gleichförmigkeit lassen sich im Alltag zwar kaum vermeiden, aber mal ehrlich: Sie hassen es. Für Ihre Auszeit brauchen Sie ein Gegengewicht. Sie sehnen sich nach Anregung und Inspiration. Auch wenn Sie aus Ihren Verpflichtungen nicht so leicht herauskommen, Ihre freie Zeit dürfen Sie kreativ gestalten. Bei »Kreativität« denkt man meist zuerst an Künstler, aber tatsächlich bezieht sie sich auf alles, was schöpferisch zustande kommt. Sie können ein Computerprogramm schreiben, japanisches Blumenstecken praktizieren, eine Website entwerfen oder Schmuck basteln. Entscheidend ist, dass es Sie begeistert und dass Ihr Geist davon gefesselt ist. Sie müssen auch nicht unbedingt selbst aktiv sein, allein die Rezeption kann schon befriedigen. Ein Konzert besuchen, einen Vortrag hören, eine Doku im TV sehen – das ist für Sie Geistesnahrung und befruchtet Ihre Arbeit. Für eine längere Auszeit bieten sich ein Kurs in Kreativem Schreiben an, Singen in einem Chor oder eine Fortbildung zu Ihrem Interessengebiet.

Mehrwert für Ihre Auszeit

Konzentrieren Sie sich.

Mit Ihrem wachen Geist nehmen Sie Informationen schnell auf und verwerten sie. Das ist einerseits wunderbar, kann aber auch zu Sprunghaftigkeit führen. Bleiben Sie bewusst bei einer Sache. Dann haben Sie die Chance, in einen Flow zu kommen. Das entspannt mehr als ein ständiger Wechsel.

Üben Sie.

Kreativität fliegt einem nicht zu, sie besteht zunächst aus Handwerk. Einen Blog zu schreiben, ein Bild zu malen, ein Video zu drehen – das will gelernt sein. Werfen Sie nicht gleich die Flinte ins Korn, wenn das Ergebnis nicht Ihren Erwartungen entspricht. Bleiben Sie dran. Sie werden sehen, dass manchmal Können mehr befriedigt als Dilettantismus.

Seien Sie selbstbewusst kreativ.

Wenn Sie in jungen Jahren in Ihren kreativen Bemühungen wenig unterstützt worden sind, dann trauen Sie sich als Erwachsener vermutlich nicht, zu singen, zu zeichnen oder zu tanzen. Man könnte sich eventuell über Ihr fehlendes Talent mokieren. Lassen Sie sich davon nicht abhalten, Ihrer Leidenschaft zu folgen. Auf Ihre Freude kommt es an.

E DER FACETTEN-TYP

Sie sind sehr vielseitig. Deshalb gibt es für Sie auch nicht nur eine einzige Art, sich eine Auszeit zu nehmen, sondern mehrere Möglichkeiten. Die können entsprechend Ihren diversen Eigenschaften sogar sehr gegensätzlich sein. Lesen Sie die Auflösungen unter den Buchstaben, die Sie gleich häufig gewählt haben. Und überlegen Sie sich immer: Was brauche ich in der aktuellen Situation?

Für Ihren weiteren Weg

Überlegen Sie sich nun abschließend, wie Sie Ihre nächste Auszeit gestalten wollen.

- Wann wollen Sie sich diese nehmen?
- Wie lange soll diese sein?
- Wo möchten Sie in dieser Zeit sein?
- Wer soll Ihnen in dieser Zeit gegebenenfalls Gesellschaft leisten?
- Warum brauchen Sie diese Auszeit?
- Nennen Sie fünf Gefühle, die Sie mit einer bevorstehenden Auszeit verbinden.

Je nachdem, in welchem Rahmen sich Ihre Pläne für eine Auszeit bewegen, sind diese früher oder erst später umsetzbar. Mit Hilfe kleiner Traumreisen können Sie Ihre Wartezeit auf diese verkürzen. Führen Sie dazu eine Achtsamkeitsübung aus, für die Sie sich ein ruhiges Plätzchen suchen. Schließen Sie Ihre Augen. Versuchen Sie sich nun alle Gegebenheiten Ihrer gewünschten Auszeit ganz genau vorzustellen. Nehmen Sie den Ort wahr, an dem Sie gerne sein möchten, und versuchen Sie sich diesen in Ihren Gedanken bildlich auszumalen. Überlegen Sie sich: Was kann ich alles sehen? Welche Menschen sind anwesend? Welche Geräusche höre ich? Welche Gerüche sind vorhanden und was spüre ich auf meiner Haut? Welche Gefühle löst diese Auszeit in Ihnen aus?

Welcher Geldtyp bin ich?

Wer mit Geld umgeht, braucht Köpfchen – ein analytischer Verstand galt lange Zeit als das Nonplusultra für Erfolg im Finanzgeschäft. Viele Neurowissenschaftler und Psychologen sind aber inzwischen der Meinung, dass Emotionen – oder besser gesagt der richtige Umgang mit ihnen – eine mindestens ebenso wichtige Rolle spielen. Wenn es um Geld geht, sollten Sie also immer rechnen. Und zwar vor allem mit den ganz großen Gefühlen. Denn es gibt kaum etwas, das mehr Gefühle auslöst als Geld. Hoffnung, Gier, Hochmut, Angst, Neid und – natürlich – Glück. Alles, was mit Geld zu tun hat, aktiviert dieselben Gehirnareale wie auch Essen, Sex oder Macht.

Beantworten Sie die folgenden Testfragen möglichst ehrlich und der Reihe nach. Am Ende werten Sie Ihren Test aus: Das Ergebnis verrät Ihnen nicht nur, welcher Geldtyp Sie sind, sondern Sie verstehen vor allem auch besser, wie Geld und Gehirn zusammenspielen. Zwischen den Testfragen erwarten Sie außerdem spannende Erkenntnisse aus den Forschungsbereichen der Neuroökonomie und Psychologie.

KREUZEN SIE IMMER DIE ANTWORT AN, DIE AUF SIE AM EHESTEN ZUTRIFFT.

1. Denken Sie an einen Menschen, der Ihnen nahesteht und den Sie gut kennen. Finden Sie spontan Vergleiche für diese Person. Notieren Sie hier: Was wäre sie als …

- Tier:
- Pflanze:
- Lied:
- Duft:
- Farbe:
- Musikinstrument:

Wie gut hat es mit dem Vergleichen geklappt?

- Das ging ganz leicht. **C**
- Es fiel mir schwer. **A**
- Bei ein oder zwei Kategorien musste ich länger nachdenken. **B**

Die meisten Menschen glauben, dass sie besser mit Geld umgehen können als die Allgemeinheit. Firmengründer sind davon überzeugt, dass die eigene Firma Erfolg haben wird, die des Konkurrenten dagegen nicht. Wer Geld investiert, denkt, er kenne alle Einflussfaktoren. Der Mensch neigt zu Selbstüberschätzung und Optimismus.

Psychologen sagen: Durch diese positive Täuschung können wir schlechte Erfahrungen schönreden und an eine bessere Zukunft glauben. *Overconfidence*, also Selbstüberschätzung, ist auch im Finanzwesen weit verbreitet. Wir glauben, dass das, was uns vertraut ist, weniger gefährlich ist als das uns Fremde. Warum wir das tun? Alles, was wir erleben, wird in Ortszellen im Hippocampus gespeichert. Diese Informationen rufen wir automatisch ab, wenn uns etwas wiederbegegnet. Je öfter wir auf Bekanntes treffen, desto deutlicher entwickeln wir dafür unbewusst eine Präferenz und hinterfragen sie nicht mehr. Das bezeichnen Experten als den *Mere-Exposure-Effekt*, den Effekt des bloßen Ausgesetztseins. Wir geben Geld gern für Dinge aus, die uns häufig begegnen – dies wird beispielsweise von der Werbung genutzt. Hirnscans zeigen, dass es Investoren besser geht, wenn sie in heimische Aktien investieren. Anlagen von Firmen, die uns nicht vertraut sind, lösen hingegen Angst in uns aus.

Tipp

Stellen Sie sich zwei Fragen:

1. Glauben Sie, dass Sie Ihre Geldausgaben gut im Griff haben?
2. Wie viel haben Sie gestern im Laufe des Tages ausgegeben und wofür?

Seien Sie ehrlich: Erinnern Sie sich an die einzelnen Beträge? Und war es das wert?

Jetzt können Sie einschätzen, ob bei Ihren Finanzgeschäften nicht doch ab und zu Ihr »innerer Betrüger« mitmischt.

2. Sie haben einem Freund ohne besonderen Anlass ein Geschenk gemacht, im Café ein gutes Trinkgeld gegeben, beim Ausgehen mit Freunden die Rechnung übernommen, Gutes getan. Für Ihre Großzügigkeit in den vergangenen Wochen bekommen Sie hier als Dankeschön einen Blumenstrauß. Welchen haben Sie verdient?

Das Gehirn ist unsere Zentrale. Hier entscheidet sich, ob wir impulsiv oder rational handeln. Psychologen unterscheiden zwischen zwei kognitiven Systemen: Intuition und Emotion bilden System 1, das reflexive System. Es lässt uns intuitiv Risiken ausweichen und Chancen nutzen. Es arbeitet so schnell, dass wir handeln können, ohne dass es uns in dem Moment bewusst ist. Erst wenn wir mit komplexeren Aufgaben konfrontiert werden, wird System 2 aktiv, zuständig für analytisches Denken und vernünftige Entscheidungsfindung. Dieses reflektive System ermöglicht eine kognitive Selbstkontrolle, die notwendig ist, um die Impulsivität zu beschränken und rational zu handeln.

Wie leicht aber Intuition unsere Entscheidungen beeinflusst, verdeutlicht der Anker-Effekt (*anchoring*). In einem Experiment wurden Probanden gefragt, wie hoch die Summe der letzten drei Ziffern ihrer Telefonnummer plus 400 ist. Diese Zahl verankerte sich dabei unbewusst im Gehirn. Anschließend sollten die Teilnehmer das Jahr schätzen, in dem der Hunnenkönig Attila besiegt wurde. Es zeigte sich, dass die Versuchsteilnehmer das Todesjahr Attilas durchschnittlich höher angaben, wenn auch die Ankerzahl größer war.

Tipp

Machen Sie sich klar, dass geschulte Verkäufer zuerst das teuerste Produkt zeigen, damit der hohe Preis sich bei Ihnen verankert. Im Vergleich dazu werden Ihnen alle weiteren Artikel günstig erscheinen.

3. Kennen Sie den berühmten »Marshmallow-Test«? Vier- bis fünfjährige Kinder wurden einzeln vor die Wahl gestellt: »Willst du jetzt sofort ein Marshmallow essen oder willst du eine Weile warten und dann als Belohnung dafür noch ein zweites bekommen?« Wer sich für das Warten entschied, musste allein in einem leeren Raum sitzen, das Marshmallow vor sich auf dem Tisch. Was glauben Sie: Wie hätten Sie als Kind reagiert?

Ich hätte eisern gewartet und die zweite Süßigkeit kassiert. A
Ich hätte das Marshmallow sofort gegessen. C
Ich hätte gewartet, aber ich weiß nicht, ob ich durchgehalten hätte. B

Wenn uns ein Finanzberater eine Erfolgsgarantie von 78 Prozent versprechen würde, würden wir ihm wohl unser Geld anvertrauen. Wenn er das Angebot aber negativ rahmt, uns also sagt, dass 22 von 100 Menschen durch diese Investition bettelarm geworden sind, würden wir eher nach Alternativen suchen, oder? Wie uns etwas verkauft wird – ob es positiv oder negativ gerahmt ist – beeinflusst unsere Entscheidung. Bei positiven Frames, die möglichen Gewinn versprechen, feuert uns Dopamin an. Bei negativen Bezügen wird dagegen die Amygdala aktiv. Die Ratio bleibt außen vor. In Studien konnte gezeigt werden, dass Kunden das Angebot »Ein Teil kaufen, das zweite geschenkt bekommen« eher nutzen als das Angebot »50 Prozent billiger«, obwohl die beiden Möglichkeiten gleichbedeutend sind. Aber um das zu erkennen, müssen wir rechnen, also nachdenken.

Ähnlich ist es bei folgendem Szenario: Wenn man gesagt bekommt, dass die Chancen auf einen Gewinn eins zu sechs stehen, spielen Menschen eher, als wenn die Erfolgschancen 16 Prozent betragen. Menschen lassen sich in Geldangelegenheiten jedoch nicht nur durch die »Verkäufe« manipulieren, sondern auch durch andere Menschen. Wir ahmen nach, wir nutzen öffentliches Wissen, wir orientieren uns an anderen – das hilft, kann uns aber auch schaden.

Tipp

Versuchen Sie sich zu *reframen*: Wenn Sie eine Jacke sehen, die von 400 Euro auf 300 Euro reduziert ist, dann stellen Sie sich vor, Sie würden in den Laden gehen und die Jacke ohne Rabattschild für 300 Euro sehen. Würden Sie sie dann auch kaufen?

4. Der Punkt repräsentiert das heutige Datum. Zeichnen Sie von da aus eine Linie, die zeigt, wie es wohl in den nächsten drei Jahren für Sie im Leben weitergeht. Wie verläuft die Linie?

- Nach oben **C**
- Horizontal **B**
- Nach unten **A**

Mit der Ausschüttung von Dopamin belohnt uns unser Gehirn. Erwarten wir das monatliche Gehalt, feuern die Dopamin-Neuronen recht gleichmäßig dreimal pro Sekunde. Wenn wir jedoch unerwartet belohnt werden, durch einen Geldgewinn oder ein überraschendes Schnäppchen beim Einkaufsbummel, sind die Dopamin-Neuronen bis zu 40-mal pro Sekunde aktiv. Das wirkt wie ein körpereigener »Drogen-Kick«, von dem wir nicht genug kriegen können. Wir wollen immer mehr und werden gierig. Das heißt, wir kaufen, ohne weiter darüber nachzudenken. Vom Dopamin berauscht, interessiert uns nicht mehr, ob der Preis adäquat, die Qualität gut ist oder ob wir beispielsweise das T-Shirt wirklich brauchen. Neurowissenschaftler der Harvard Medical School haben Gehirnscans von Kokainsüchtigen in Erwartung des nächsten Schusses mit denen von Investoren verglichen, die eine gute Chance auf Gewinn hatten: Die Muster auf den Scans zeigen, dass die Neuronen beider Probandengruppen nahezu identisch hochaktiv sind.

Tipp
Falls Sie etwas kaufen oder Geld investieren wollen, denken Sie zweimal darüber nach. Machen Sie sich klar: Nicht das Schnäppchen ist die Beute, sondern der Schnäppchenjäger!

5. **Die eigene Meinung vertreten, Forderungen stellen, Anweisungen geben – welcher Boxhandschuh symbolisiert, wie gut Sie Ihre Interessen durchsetzen?**

B A C

Von tausend Aktien-Anlegern hält die Hälfte es für möglich, dass die Börse innerhalb der kommenden Monate zusammenbricht. Die Geschichte zeigt aber: Das passiert mit nur zwei Prozent Wahrscheinlichkeit, also eher nicht! Warum haben die Anleger dann Furcht vor einem plötzlichen Crash, wenn er doch so unwahrscheinlich ist?

Der Psychologe Daniel Kahneman meint, dass wir das Eintreten von Ereignissen danach beurteilen, wie gut wir es uns vorstellen können, und nicht danach, wie oft es in der Vergangenheit vorgekommen ist. Je lebendiger uns ein negatives Szenario erscheint, desto furchteinflößender ist seine Wirkung, weil die Amygdala, die zuständig für die Entstehung von Angst ist, uns schneller und stärker beeinflusst als der Verstand. Evolutionär betrachtet ergibt das durchaus Sinn: Wer früher nicht blitzartig auf Bedrohung reagierte, wurde gefressen. Machen wir einen Fehler, kommt die Insula ins Spiel: Dieser Großhirnlappen lässt uns negative Emotionen wie Ekel, Schmerz und Reue empfinden. Die Zellen der Insula enthalten Moleküle, wie sie auch im Verdauungstrakt vorkommen. »Darum wird uns manchmal ganz flau im Magen, wenn wir Angst haben, beispielsweise bei Geldverlust«, sagt Christian Elger, Hirnforscher an der Universität Bonn. Wenn wir auf dieses Bauchgefühl hören, kann uns das vor Fehlinvestitionen bewahren. Das Problem ist nur: Geldausgeben ist abstrakt geworden. Wir bezahlen immer seltener bar, sondern per Überweisung, Onlinebanking oder Kreditkarte. »Dadurch kommt der bremsende Effekt der Insula kaum mehr zum Tragen«, so Elger – und wer keine Reue empfindet, kann sich leichter verschulden.

Gedankenspiel

Sprechen Sie das Wort »Firmenbankrott« aus. Dann sagen Sie das Wort »Diebstahl«. Welches Szenario löst bei Ihnen mehr Angst aus? Bei den meisten ist es das Wort »Firmenbankrott«. Dabei ist es viel wahrscheinlicher, dass einem das Portemonnaie geklaut wird.

6. Sie verfassen das Drehbuch zu einem TV-Krimi. In einer Szene entdeckt Kommissarin Hella Funke den Killer in einem Abbruchhaus. Wie geht es wohl weiter?

- Hella informiert ihre Kollegen per Handy: Schickt mir eine Sondereinheit! **A**
- Hella betritt das Gebäude mit entsicherter Pistole. Sie weiß, wie gut sie mit ihrer Waffe umgehen kann, und wird den Verbrecher stellen – Auge in Auge. **C**
- Hella schleicht sich lautlos wie eine Katze ins Haus, um herauszufinden, wo der Kerl steckt und ob er bewaffnet ist. **B**

Geld folgt keinen Regeln: Dass wir fähig sind, in Mustern zu denken, hat unsere Vorfahren überleben lassen. Gibt es Anzeichen für Gefahr, für neue Nahrungsquellen? Im Finanzgeschäft ist diese Urfunktion unseres Hirns jedoch nicht hilfreich, denn dort gibt es nur selten Ordnungen, an denen wir uns orientieren können. Trotzdem suchen wir auch in Gelddingen stets nach einem Muster, wie der Neuroökonom Scott Huettel von der Duke University mit einem Experiment herausgefunden hat. Probanden wurden in zufälliger Reihenfolge Symbole gezeigt. Obwohl ihnen gesagt wurde, dass die Symbole ungeordnet erscheinen, erwarteten die Teilnehmer bei zwei gleichen Symbolen, dass ein drittes derselben Art folgen wurde. Huettel erklärt sich das evolutionär: Durch die Regelmäßigkeiten natürlicher Ereignisse hat unser Gehirn gelernt, dass es Gesetzmäßigkeiten gibt – auf Blitz folgt Donner. Das Problem ist: Das lässt sich nicht auf Gelddinge übertragen.

Tipp

Erwarten Sie bei Geldanlagen keine Muster. Wenn der Aktienkurs zweimal in Folge steigt, tut er das deswegen nicht zwingend ein drittes Mal.

7. **Regelmäßige Gesundheits-Checks, Patientenverfügung, Weiterbildung im Job, Immobilienkauf zur Vermögenssicherung: Was halten Sie von einer umfassenden Vorsorge für mögliche Krisen?**

- Ich finde das übertrieben. Man kann sich doch nicht vor allem schützen. **C**
- Zumindest in einem Bereich, der einem wichtig ist, sollte man das machen. **B**
- Das ist absolut sinnvoll. Man sollte sich so gut absichern, wie man kann. **A**

Je weniger ein Mensch hat, desto eher geht er Risiken ein, um seinen Besitz zu mehren. Dass Lebewesen in Not viel aufs Spiel setzen, zeigt ein Experiment mit Vögeln: Waren die Tiere hungrig, wählten sie niemals die sichere Futterquelle, die stets eine mittelgroße Portion versprach, sondern immer diejenige, die sehr viel oder aber gar kein Futter enthielt. Risikoeinstellung ist aber kein Persönlichkeitsmerkmal, so Martin Weber, Finanzwissenschaftler der Universität Mannheim, es kommt vielmehr auf den Bereich an: Einige Menschen sind im Sport extrem risikofreudig, bei der Geldanlage dagegen risikoscheu.

Tipp

Bevor Sie sich entscheiden, etwas zu kaufen oder Geld anzulegen, denken Sie an jemanden, der Ihnen nahesteht: Würden Sie demjenigen zu diesem Deal raten? Wenn nicht, sollten Sie die Finger davon lassen.

8. Von dem englischen Philosophen Thomas Hobbes (1588-1679) stammt der Satz: »Der Mensch ist des Menschen Wolf.« Was sagen Sie zu diesem Aphorismus?

- Teilweise stimmt das schon, aber es gibt auch viele gute Menschen. **B**
- Der Mann hat wohl recht. Man muss sich nur mal anschauen, wie die Menschen miteinander umgehen. **A**
- Vielleicht hat er in seinem Leben ja mal schlechte Erfahrungen gemacht. Ich kann ihm jedenfalls so nicht zustimmen. **C**

In unserer Vorstellung sind reiche Menschen glückliche Menschen. Diese Kausalität zu unterstellen ist aber Quatsch. »Wenn die Grundbedürfnisse gestillt sind, tritt eine Sättigung ein, und ab diesem Punkt macht Geld nicht zufriedener«, erklärt der Neurowissenschaftler Bernd Weber von der Universität Bonn. Schätzungen besagen, dass 70 Prozent derjenigen, die im Lotto gewinnen, das Geld innerhalb kurzer Zeit ausgeben und unglücklich werden, weil sie merken, dass manche Dinge nicht mit Geld zu kriegen sind – zum Beispiel echte Freunde. Der Psychologe Ed Diener hat herausgefunden, dass am glücklichsten ist, wer sich mit Menschen umgibt. Diejenigen, die sagen, sie hätten mehr als fünf Freunde, stuften sich um 50 Prozent häufiger als sehr glücklich ein als diejenigen, die weniger als fünf Freunde haben. Diener behauptet auch, dass Geld eine toxische Wirkung haben kann, wenn man es mit Lebensglück verwechselt. Entscheidend ist, dass wir wissen, was Geld mit uns macht – und wie wir mit dem Geld, das wir haben, unser Glück finden können.

Tipp

Wenn Sie Geld ausgeben, dann investieren Sie in Dinge, die Sie erfreuen: eine schöne Reise, neue Fußballschuhe, einen Konzertbesuch, ein Blumenbeet, ein Abendkleid. Aber gleichgültig, wofür Sie Geld ausgeben: Es wird in Ihrem Leben eine große Rolle spielen, wenn nicht gar die größte, wie eine Studie zeigt. Brian Knutson, Hirnforscher an der Stanford University, hat Probanden Fotos gezeigt, die starke Gefühle hervorriefen: sexuelle Motive oder geköpfte Leichen. Die stärkste Emotion aber provozierten nicht diese Fotos, sondern Bargeld, das er den Probanden anbot.

9. Wie zufrieden sind Sie insgesamt mit Ihrem Leben? Setzen Sie dazu auf dieser Skala von 1 bis 10 spontan ein Kreuz:
   1 = sehr unzufrieden, 10 = sehr zufrieden

1 - 2 - 3 - 4	5 - 6 - 7	8 - 9 - 10
A	B	C

Testauswertung

Zählen Sie zusammen, wie oft Sie die Buchstaben A, B und C angekreuzt haben. Die Auflösung finden Sie unter dem Buchstaben, den Sie am häufigsten gewählt haben. Haben Sie mehrere Buchstaben gleich häufig angekreuzt, lesen Sie zunächst Auflösung D.

A DER BEWAHRER / DIE BEWAHRERIN

Sie sind eher zurückhaltend und spielen sich ungern in den Vordergrund. Doch niemand sollte Sie deshalb unterschätzen. Sie beobachten sehr genau und ziehen daraus Ihre Schlüsse. Außerdem sind Sie meistens bestens informiert. Ihr großes Plus sind Ihre Selbstbeherrschung und Ihre Disziplin. Dabei stellen Sie hohe Anforderungen an sich und andere. Ihr Vertrauen muss man sich erst einmal verdienen. Hat man es jedoch, sind Sie äußerst loyal.

Wie sich das auf Ihren Umgang mit Geld auswirken kann

Die positiven Effekte:

- Sie sind sparsam. Meist geben Sie weniger aus, als Sie einnehmen.
- Im Hinblick auf die Zukunft sind Sie ganz schön vorsichtig: Sie bemühen sich, Rücklagen für unerwartete Ausgaben und die Alterssicherung zu bilden.
- Bevor Sie eine größere Anschaffung tätigen, informieren Sie sich gründlich.
- In puncto Konsum sind Sie diszipliniert und geben Ihr Geld überwiegend für Dinge aus, die Sie wirklich brauchen.

Aber es bestehen auch diese Gefahren:

- Manchmal sparen Sie an der falschen Stelle. Dann kaufen Sie zu billig und ärgern sich später über mangelnde Qualität.
- Sie investieren zu wenig, aus Angst vor Verlusten oder weil Sie das, was Sie schon haben, nicht aufs Spiel setzen wollen.
- Anderen gegenüber sind Sie manchmal zu wenig großzügig. Das kann leicht als Geiz ausgelegt werden.
- Sie gönnen sich selbst zu wenig.

Spezielle Tipps für Sie

Nicht vergessen: Geld kann man auch für Lebensfreude einsetzen! Überlegen Sie sich, was Sie schon seit Langem gern unternehmen oder besitzen wollen, sich aber bisher immer versagt haben. Schauen Sie bei solchen Herzenswünschen nicht nur aufs Geld, Sie gewinnen dadurch Glück. Experimentieren Sie mit einer festgelegten Summe, um Ihr Verhaltensrepertoire für mehr Lockerheit und Loslassen zu erweitern. Setzen Sie es für kleine Risiken ein, zum Beispiel, indem Sie Lotto spielen oder etwas verleihen. Denken Sie in puncto Großzügigkeit um: Sie verlieren dabei zwar etwas Geld, gewinnen aber Sympathie und sichern sich wohlwollende Unterstützung, falls Sie selbst einmal etwas brauchen.

B DER REALIST / DIE REALISTIN

Ihre besondere Fähigkeit liegt im persönlichen Kontakt. Mit Ihrer ausgleichenden, freundlichen Art sind Sie überall dort am richtigen Platz, wo Sie es mit Menschen zu tun haben. Extreme, sei es im täglichen Leben oder im Verhalten, schrecken Sie eher ab. Ihnen liegt vielmehr an Harmonie. Für Sie ist durchaus wichtig, welchen Eindruck Sie machen. Von daher legen Sie großen Wert auf Perfektion.

Wie sich das auf Ihren Umgang mit Geld auswirken kann

Die positiven Effekte:

- Sie zahlen Ihre Rechnungen pünktlich und ersparen sich damit Stress und eventuelle Mahngebühren.
- Nach dem Motto »Kleine Geschenke erhalten die Freundschaft« zeigen Sie sich großzügig, ohne es zu übertreiben.
- Sie beachten Ihre finanziellen Grenzen und überziehen selten Ihr Konto.
- Mit Fleiß und Engagement erhöhen Sie ihr Einkommen.

Aber es bestehen auch diese Gefahren:

- Sie reizen ihren finanziellen Rahmen meistens komplett aus und bilden kaum Rücklagen für unerwartete Ausgaben.
- Sie sind wenig risikofreudig. Dadurch verlieren Sie zwar nichts, bleiben aber im Mittelmaß stecken.
- Sie sind verschwenderisch im Kleinen. Nach dem Motto »Das ist ja nicht teuer, das nehme ich mit« neigen Sie zu Spontankäufen und Schnäppchenjagd.
- Solange nichts Gravierendes Sie dazu zwingt, zeigen Sie wenig Interesse an finanziellen Kenntnissen.

Spezielle Tipps für Sie

Versuchen Sie, etwas risikofreudiger in puncto Investitionen zu sein, damit Sie keine gute Chance verpassen. Erledigen Sie privat oder beruflich nicht alle Arbeiten selbst. Lassen Sie einen Teil Ihres Geldes durch Profis anlegen, damit Sie sich um die wirklich wichtigen Dinge kümmern können. Wenn Sie Ihre Kernkompetenz einsetzen, bringt Ihnen das am Ende mehr ein. Informieren Sie sich rechtzeitig und grundlegend über Finanzen, auch wenn Sie das nicht besonders reizvoll finden.

C DER SPIELER / DIE SPIELERIN

Fantasie und Kreativität sind Ihre großen Pluspunkte. Mit Ihnen wird es gewiss nie langweilig. Beruflich und privat punkten Sie, indem Sie ihre Umgebung motivieren und mitreißen. An guten Ideen mangelt es Ihnen nicht. Sie sind sehr begeisterungsfähig. Dabei setzen Sie mehr auf Ihr Bauchgefühl als auf kühle Überlegung. Ihre positive Einstellung lassen Sie auf keinen Fall von Pessimisten beeinträchtigen.

Wie sich das auf Ihren Umgang mit Geld auswirken kann

Die positiven Effekte:

- Sie hängen nicht am Geld. Für Sie ist es eher das Ticket zur Freiheit.
- Sie haben eine sehr gute Spürnase für finanzielle Chancen.
- Sie riskieren auch mal etwas – schließlich kann das zu hohen Gewinnen führen.
- Sie vertrauen ihrer Intuition. Kein gutes Gefühl? Dann lassen Sie die Finger davon.

Aber es bestehen auch diese Gefahren:

- Sie sind leicht verführbar. Kritisch wird es besonders, wenn man Ihre Gier weckt.
- Sie machen sich Illusionen: »Das wird garantiert ein Erfolg.«
- Sie sind ungeduldig und verhindern damit einen höheren Gewinn.
- Sie erfüllen sich kostspielige Wünsche und beschwichtigen sich mit dem Prinzip: »Man lebt doch nur einmal.«

Spezielle Tipps für Sie

Ihre Begeisterung kann Sie blind machen. Trainieren Sie deshalb, genau hinzuschauen. Informieren Sie sich, wenn man Ihnen ein lukratives Angebot macht. Setzen Sie eine Pufferzeit zwischen Kaufimpuls und Erwerb: Lassen Sie sich das Objekt ihrer Begierde zurücklegen und verlassen Sie das Geschäft. Auf diese Weise kühlt ein oberflächlicher Wunsch ab. Lassen Sie sich nie zu einer Zusage drängen, handeln Sie immer eine Bedenkzeit aus.

D DER MISCHLING

Sie haben eine ganze Palette unterschiedlicher Eigenschaften zur Verfügung. Welche das sind, lesen Sie unter den entsprechenden Buchstaben A, B oder C nach. Diese Vielseitigkeit ist für Ihren Umgang mit Geld ein Gewinn, vorausgesetzt, Sie bringen ihre diversen Fähigkeiten in unterschiedlichen Situationen auch passend ein. Andernfalls blockieren Sie sich selbst. Nehmen Sie sich deshalb nicht nur bei großen, sondern vor allem auch bei kleinen finanziellen Entscheidungen ein wenig Zeit, darüber nachzudenken, welche Ihrer manchmal gegensätzlichen Stärken in der jeweiligen Situation am besten zum Einsatz kommen sollte: Zurückhaltung oder Risikofreude? Großzügigkeit oder Sparsamkeit?

Wie viel Plan braucht mein Leben?

Jeder Mensch plant. Die Frage ist also nicht, ob man plant – sondern wie. Und da gibt es große Unterschiede: Manche gehen oberflächlich, manche sehr genau vor, manche ängstlich, andere locker. Einige sind realistisch, andere wiederum hoffnungsvoll. Die Persönlichkeit entscheidet.

Um vorab ein Gefühl für Ihr individuelles Planungsverhalten zu bekommen, beantworten Sie die folgenden Fragen.

- Wie weit im Voraus planen Sie grundsätzlich Ihre Woche und Ihren Monat?

- Was löst Planungssicherheit in Ihnen aus (Sicherheit, wohliges Gefühl, Stress, Kontrolle, Enge etc.)?

- Welche Gefühle lösen unvorhersehbare Ereignisse, die Ihre Pläne durchkreuzen, in Ihnen aus (Stress, Gelassenheit, Neugier, Wut etc.)?

- Welche Gefühle löst Spontaneität in Ihnen aus?

- Für welche Bereiche im Leben haben Sie einen konkreten Plan (Tagesablauf, Kinderwunsch, Finanzen, Karriere etc.)?

- Für welchen Bereich im Leben hätten Sie gerne einen konkreten Plan?

Erfahren Sie nun mit dem folgenden Test, welcher Planungstyp Sie sind, und lernen Sie mit Hilfe der jeweiligen Tipps, wie Ihr Leben und Ihr Job noch reibungsloser laufen können.

KREUZEN SIE IMMER DIE ANTWORT AN, DIE AUF SIE AM EHESTEN ZUTRIFFT.

1. Drei Freunde haben ein Start-up gegründet und stoßen darauf an. Wen verstehen Sie am besten?

- »Leute, ab heute sind wir unser eigener Herr, keiner kann uns mehr etwas vorschreiben!« C
- »Wenn wir erst mal die Durststrecke hinter uns haben, geht's so richtig ab!« A
- »Ich sehe uns schon als digitale Nomaden in einem Haus am Meer.« B

2. Welches Zitat spricht Sie am meisten an?

- »Die Kunst, Pläne zu machen, besteht darin, den Schwierigkeiten ihrer Ausführung zuvorzukommen.« Luc de Clapiers A
- »Pläne sind die Träume der Verständigen.« Ernst Freiherr von Feuchtersleben B
- »Gerade, wenn du denkst, dass es gut läuft, hast du bestimmt etwas übersehen.« Willy Meurer C

3. Am meisten nervt Sie jemand, der ...

- ... Ihre Freude dämpft, indem er ein Haar in der Suppe findet. B
- ... eine Verabredung absagt, weil er sich nicht danach fühlt. A
- ... Ihnen haarklein vorschreibt, was Sie zu tun und zu lassen haben. C

4. Der Flughafen BER – ein Planungsdesaster! Was lässt sich Ihrer Meinung nach noch am ehesten entschuldigen? Hier sind drei O-Töne.

- »Die meisten Probleme, die wir beim Bau des BER beobachten konnten, waren Folgen des Größenwahns des Berliner Senats.« C
- »Kein Aufsichtsrat ist in der Lage, eine Kostenschätzung nach DIN oder einen Flughafenplan im Maßstab 1 : 1000 zu lesen.« A

- »Man hat permanent neue Wünsche zugelassen, ohne einmal klar zu sagen: Wir müssen jetzt wie geplant bauen.« **B**

5. **Sie möchten einen Freund vom Rauchen abbringen. Mit welchem Argument versuchen Sie es?**
- Es heißt doch: »Hinter jeder Sucht steckt eine Sehnsucht.« Du solltest mal herausfinden, was du mit dem Rauchen kompensierst. **B**
- Überleg mal, was du dir mit dem eingesparten Geld alles Gutes gönnen könntest! **C**
- Ist dir bewusst, dass jährlich in Deutschland mehr als 120 000 Menschen an den Folgen ihres Tabakkonsums sterben? **A**

6. **Welche Wörter verbinden Sie mit dem Begriff »planen«?**
- Aktuell – reagieren – flexibel **C**
- Optimistisch – passend – erreichen **B**
- Verfolgen – nachdenken – kontrollieren **A**

7. **Was wäre für Sie besonders unangenehm?**
- Sie haben total vergessen, dass Sie mit einer Freundin verabredet waren. **C**
- Sie müssen auf einem Event eine kleine Rede improvisieren. **A**
- Sie haben aus Versehen ein Geheimnis ausgeplaudert. **B**

8. **Welche Eigenschaft ist bei Ihnen am wenigsten ausgeprägt?**
- Spontaneität **A**
- Geduld **B**
- Ehrgeiz **C**

9. **»Leben ist das, was passiert, während du eifrig dabei bist, andere Pläne zu schmieden«, lautet ein Liedtext von John Lennon. Was sagen Sie dazu?**
- Genau deshalb ist es klüger, sich dem Fluss des Lebens anzuvertrauen. **C**

- Wir sind kein Spielball des Schicksals, wir können es beeinflussen. **A**
- Manchmal werfen Glück oder Pech halt unsere Pläne über den Haufen. **B**

10. *Krieg der Sterne X*: Welchen Science-Fiction-Roman lesen Sie am liebsten weiter?

- »Geben Sie den Code ein, Matty!« Captain McConnor hielt den Blick auf das Bord gerichtet. »Schon erledigt, Sir.« »Aber sind wir nicht viel zu dicht am Todesstern?« – »Wir werden genau an der Seite vorbeiziehen.« **A**
- »Hey, Captain, spielen wir *Per Anhalter durch die Galaxis*?«, grinste Rob. »Und ob! Halt dich fest, mein Junge, wir starten jetzt durch. Entweder wir schaffen es bis zur nächsten Raumstation – oder das war's.« **C**
- »Wir werden Prinzessin Cleo aus den Klauen der Orks befreien!« Entschlossen ballte Victor die Fäuste. Captain Tanner nickte. »Das ist unser Ziel. Aber zuerst müssen wir die Dunkle Materie überwinden. Das wird schwierig.« **B**

11. Wie sieht Ihre nächste Arbeitswoche aus?

- Ich habe mir einiges vorgenommen und muss sehen, wie es passt. **C**
- Ich habe zwei, drei Dinge, die unbedingt erledigt werden müssen. Der Rest ist optional. **B**
- Ich habe eine To-do-Liste, die ich abarbeiten werde. **A**

12. Es gibt so etwas wie einen Lebensplan. Für Sie gehört vor allem dazu, ...

- ... neugierig zu bleiben. **B**
- ... verantwortungsbewusst zu sein. **A**
- ... mutig zu sein. **C**

13. Geniale Planer der Vergangenheit: Wem hätten Sie gerne über die Schulter geschaut?

- Die Gebrüder Wright entwickelten als Pioniere der Luftfahrt das erste von einem Motor angetriebene Flugzeug. **C**
- Der Ingenieur Gustave Eiffel und sein Team konstruierten zur Pariser Weltausstellung 1889 den Eiffelturm. **A**
- Der preußische Gartenkünstler Peter Joseph Lenné gestaltete den Park von Schloss Sanssouci in Potsdam. **B**

14. Stellen Sie sich folgendes Experiment vor: Einfach mit der Bahn ins Blaue fahren und immer wieder einen Würfel entscheiden lassen, wie die Reise weitergehen soll. Wäre das etwas für Sie?

- Vielleicht. Ich würde jedenfalls meine Ängste oder Vorlieben besser kennenlernen. **B**
- Das ist doch Unsinn. Was soll ich denn im Nirgendwo? **A**
- Das könnte interessant werden. Man lernt fremde Gegenden und Leute kennen. **C**

15. Manche Pläne führen nicht zum gewünschten Ergebnis. Aus welchen Gründen ist Ihnen das bisher überwiegend passiert?

- Ich habe die Vorbereitung zu lange aufgeschoben. **C**
- Am Ergebnis waren auch noch andere beteiligt. **A**
- Ich habe etwas Wichtiges nicht berücksichtigt oder unterlassen. **B**

16. Sie befinden sich mitten in einem Irrgarten aus hohen, dichten Hecken. Sie …

- … haben von Anfang an versucht, sich den Weg zu merken, und sehen das als logistische Herausforderung. **A**
- … probieren klaustrophobisch verschiedene Wege aus und lauschen, ob Sie Stimmen von anderen hören. **B**
- … bleiben gelassen und suchen sich intuitiv Ihren Weg. Irgendwie werden Sie da schon wieder herausfinden. **C**

17. **Im Seniorenheim unterhalten sich drei 80-Jährige. Wen von ihnen verstehen Sie am besten?**

- »Ich war oft enttäuscht, dass sich die Dinge nicht so entwickelten, wie ich mir das vorgestellt hatte. Aber letztlich hat sich dann doch alles als gut erwiesen.« **B**
- »Ich habe im Leben nichts ausgelassen. Das war nicht immer schön, aber wenigstens habe ich nichts zu bereuen. Heute kann ich von den Erinnerungen zehren.« **C**
- »Mir war immer wichtig, vernünftig zu leben. Ich habe mir Ziele gesetzt und sie auch erreicht. Allerdings bereue ich, dass ich so viel gearbeitet habe.« **A**

Testauswertung

Zählen Sie zusammen, wie oft Sie die Buchstaben A, B und C angekreuzt haben. Die Auflösung finden Sie unter dem Buchstaben, den Sie am häufigsten gewählt haben. Haben Sie mehrere Buchstaben gleich häufig angekreuzt, lesen Sie zunächst Auflösung D.

A DER SICHERHEITSPLANER / DIE SICHERHEITSPLANERIN

Niemals würden Sie nur mit Kreditkarte und Zahnbürste auf Weltreise gehen oder Ihr Geld in riskante Anlagen stecken. Für Sie müssen selbst Abenteuer organisiert werden. Bevor Sie handeln, sammeln Sie erst einmal sämtliche Informationen. Ist der Faktencheck zu Ihrer Zufriedenheit abgeschlossen, wird daraus ein konkreter Plan, umsetzbar in Teilschritten. Dieses systematische Vorgehen entspricht zum einen Ihrem verstandesbetonten Naturell, zum anderen hat es aber auch mit Ihrem Wunsch nach Sicherheit zu tun. Sie behalten gerne die Kontrolle über eine Situation. Ihre sorgfältige Planung hat durchaus Vorteile, denn sie bewahrt Sie vor unliebsamen Überraschungen. Hotel ausgebucht? Picknick im Regen? Kunde nicht erreichbar? So etwas passiert Ihnen dank Ihrer Weitsicht kaum. Ihr Umfeld verlässt sich gerne auf Sie und hat sich schon daran gewöhnt, dass Sie alles bestens regeln. Kein Wunder, dass Sie sich manchmal überlastet fühlen, weil die Vorbereitung mal wieder an Ihnen hängen bleibt.

Ihr persönliches Planungstraining: Lockerer werden

Ihre Art der Planung hat ein hohes Erfolgspotenzial, ist aber oft auch unnötig anstrengend. Wenn Sie mehr Freiheit und Leichtigkeit möchten, hilft Folgendes:

Delegieren üben: Die Erfahrung hat Sie gelehrt: Was Sie selbst in die Hand nehmen, funktioniert meist optimal. Aber nicht jeder Kindergeburtstag und jedes Arbeitstreffen muss generalstabsmäßig organisiert werden. Springen Sie über Ihren Schatten und geben Sie die Planung für eher unwichtige Vorhaben an andere ab. Halten Sie sich dann auch mit der Kontrolle zurück, das würde sonst bevormundend wirken.

Eine Dankbarkeitsliste machen: Ihnen fehlt ein wenig das Vertrauen ins Leben. Dieses können Sie durch eine spezielle Rückschau gewinnen. Schreiben Sie auf, was Ihnen in den vergangenen fünf Jahren Gutes widerfahren ist, ohne dass Sie sich dafür anstrengen mussten. Wo haben Sie einfach nur Glück gehabt? Wo haben sich Ihnen unerwartet Chancen geboten? Wo haben Sie ohne Ihr Zutun die richtigen Menschen kennengelernt oder wichtige Informationen bekommen? Auf diese Weise wird Ihnen bewusst, dass nicht alles Gute allein von Ihrer Planung abhängt.

Unwägbares einbauen: Wenn Sie regelmäßig kleine Unsicherheiten in Ihren Alltag einbauen, wird Ihre Angst vor Risiken kleiner. »Systematische Desensibilisierung« nennt man das in der Verhaltenstherapie. Schauen Sie nicht auf Ihre Wetter-App, bevor Sie aus dem Haus gehen. Rufen Sie jemanden an, mit dem Sie schon länger keinen Kontakt mehr hatten. Machen Sie einen Spaziergang in ein unbekanntes Viertel. Wenn Sie sich ein bisschen unsicher fühlen, haben Sie es genau richtig gemacht.

Dinge loslassen: Menschen mit einem hohen Sicherheitsbedürfnis haben in ihrem Haushalt oft Gegenstände in mehrfacher Ausführung, von denen eines reichen würde. Außerdem horten sie Dinge, die sie vielleicht irgendwann einmal brauchen könnten, wie Gummibänder, Kosmetikproben oder seit Jahren ungetragene Kleidungsstücke. Erkennen Sie sich da wieder? Dann gehen Sie Ihre Schubladen, Regale und Schränke peu à peu durch und entsorgen oder verschenken Sie alles, was nicht wirklich gebraucht wird. Das verschafft Ihnen auch im Kopf mehr Freiheit.

Perfektionismus stoppen: Nichts gegen ordentliche Arbeit, doch Perfektionismus hat eine gewisse Zwanghaftigkeit. Dahinter steckt die Angst, Fehler zu machen oder kritisiert zu werden. Sagen Sie sich öfter mal »Gut ist gut genug«. Schreiben Sie auf eine Karteikarte »80 %« und schauen Sie häufig darauf. Es soll Sie daran erinnern, dass Sie nur bei wirklich wichtigen Aufgaben 100 Prozent geben.

B DER ILLUSIONSPLANER / DIE ILLUSIONSPLANERIN

Natürlich machen Sie sich Gedanken darüber, wie Sie Ihre Ziele erreichen, und legen die passenden Schritte fest. In Bereichen, in denen Sie kompetent und erfahren sind, gelingt Ihnen das auch problemlos. Sie schätzen den Zeitaufwand ein, wissen, wie eins aufs andere folgt. Aber sobald es um größere Projekte oder solche mit mehreren Unbekannten geht, ist Ihre Planung oft zu ungenau. Das hat mehrere Gründe: Ihnen fehlt die Geduld, sich minutiös in Fakten zu vertiefen. Sie schauen kurz darüber und sind sich sicher, dank Ihrer schnellen Auffassungsgabe alles aufgenommen zu haben. Dabei übersehen Sie schon mal ein wichtiges Detail, etwa dass Öffnungszeiten variieren oder ein bestimmtes Dokument erforderlich ist. Ebenso wirkt sich Ihre Fantasie aus. Sie verlieren sich in Tagträumen, wie wunderbar es sein wird, wenn Sie erst einmal das angestrebte Ziel erreicht haben. Die Möglichkeit zu scheitern blenden Sie großzügig aus, weil nicht sein kann, was nicht sein darf. Ihr Optimismus verführt Sie häufig zu der Annahme, es werde schon alles gut gehen. Tut es ja auch meistens – aber eben nicht immer.

Ihr persönliches Planungstraining: Realistischer werden

Ihre Art der Planung wirkt motivierend, Ihr positives Denken schürt Hoffnung und Vorfreude, kann aber auch zu herber Enttäuschung oder geringer Effizienz führen. Das können Sie vermeiden:

Den Worst Case simulieren: Schon klar, Sie befassen sich ungern mit negativen Aspekten. Aber zumindest als Fantasieübung sollten Sie einmal durchspielen, was schlimmstenfalls bei dem aktuellen Projekt schiefgehen kann. Ihr Computer stürzt ab, das Wetter ist schlecht, Sie werden plötzlich krank. Und nun verwandeln Sie Ihre Sorgen in Sorgfalt. Was können Sie tun, um vorzubeugen?

Zeit für eine langfristige Planung nehmen: Ihnen liegt ein Sprint mehr als ein Marathon. Doch wenn Sie immer nur kurzfristig planen, verschenken Sie viel Erfolg. Deshalb sollten Sie sich einmal Zeit nehmen, um in größerem Rahmen zu planen, zumindest für Ihre wichtigsten Ziele und Herzenswünsche. Überlegen Sie, was Sie in einem Jahr oder in drei Jahren erreichen möchten. Vielleicht fangen Sie damit gleich am nächsten Wochenende an.

Den Frosch essen: »Eat the frog«, sagen die Amerikaner, wenn es darum geht, etwas Unangenehmes zu erledigen. Gewöhnen Sie es sich an, jeden Tag mit der Aufgabe zu beginnen, die Ihnen am schwersten fällt. Auf diese Weise trainieren Sie, Problemen ins Auge zu sehen, anstatt sie zu verdrängen.

Tagebuch schreiben: Protokollieren Sie täglich oder wöchentlich zumindest in Stichworten, was Sie erwartet haben, was Sie getan haben und was am Ende dabei herausgekommen ist. Der gewünschte Effekt ist, dass Sie jederzeit zurückschauen können. Ziehen Sie ein Fazit: Was hat funktioniert? Was hätten Sie besser machen können? Auf diese Weise erkennen Sie Ihr spezielles Muster, das zum Erfolg oder Misserfolg führt.

Geduld üben: Geduld ist nicht gerade Ihre große Stärke. Das führt leider manchmal zur Oberflächlichkeit in der Planung. Nehmen Sie sich deshalb in der Vorbereitung immer nur kleine Arbeitsportionen vor und erledigen Sie sie der Reihe nach. Legen Sie regelmäßig Pausen ein, in denen Sie sich mit anderen Dingen beschäftigen. Das hält Ihren Geist frisch, sodass Sie nichts übersehen.

C DER KREATIVPLANER / DIE KREATIVPLANERIN

Sie sind ein eher lockerer Typ mit vielen Interessen. Ihnen reicht es, sich ein Ziel zu setzen, und zwar am besten eines, das mit Ihren Fähigkeiten und Neigungen übereinstimmt. Was es auf dem Weg dorthin alles zu berücksichtigen gilt, darüber denken Sie nicht groß nach. Warum detaillierte Pläne machen, wenn man doch weiß, dass es ohnehin meist anders kommt? Und so steuern Sie irgendwie auf Ihr Ziel zu, probieren kreativ mal dies, mal das. Dabei folgen Sie Ihrer inneren Stimme, die Ihnen zu den richtigen Schritten rät. Ein weiteres Plus ist Ihre gute Kommunikation, mit deren Hilfe Sie sich unterwegs manchen wichtigen Tipp holen. Schon geht es weiter bis zur nächsten nicht bedachten Schwierigkeit. Die stellt sich mit Sicherheit ein, wenn Sie eine Vorbereitung auf die lange Bank schieben. Für Ihren Urlaubstermin ist kein Flug mehr verfügbar, die Fortbildung ist ausgebucht, das letzte Objekt Ihrer Begierde wurde gerade verkauft. Deprimiert fragen Sie sich: Was nun? Dann schlägt die Stunde Ihrer Unterstützer. Weil Sie so liebenswert chaotisch sind, springt Ihnen meist jemand aus der Sicherheitsplanungsfraktion bei und rettet, was zu retten ist. Na bitte, Ziel erreicht.

Ihr persönliches Planungstraining: Verantwortungsvoller werden

Ihre Planungsart verschafft Ihnen jede Menge überraschende Erlebnisse. Aber eben auch jede Menge Stress. Wenn Sie den reduzieren möchten, dann so:

Kreative Planungstools nutzen: Trockene To-do-Listen sind nichts für Sie. Aber es gibt interessante Planungstechniken, die Ihnen Spaß machen könnten. Zum Beispiel das Mindmapping, mit dem man Vorhaben visuell darstellen kann. (Falls Sie es noch nicht kennen: Eine Mindmap sieht wie ein Baum mit mehreren Ästen aus.) Oder das Bullet-Journal: Zeitplanung, Aufgabenlisten, Brainstorming und organisatorische Aufgaben werden mit farbigen Stiften in einem Notizbuch übersichtlich zusammengestellt.

Verantwortung übernehmen: Haben Sie sich schon angewöhnt, SOS zu funken, sobald es irgendwo hakt? Es gibt gewiss immer liebe oder zuverlässige Menschen, die Ihnen dann zu Hilfe eilen, Ausreden für Sie erfinden, Arbeiten für Sie erledigen, Informationen recherchieren. Das ist bequem, macht Sie aber auch abhängig. Übernehmen Sie ab jetzt die volle Verantwortung. Bei der nächsten Hürde regeln Sie das ganz allein.

Wortwahl kontrollieren: Wie haben Sie sich bisher über Menschen geäußert, die sorgfältig planen? Wahrscheinlich lautete Ihr Urteil etwa so: »Das ist doch ein richtiger Kontrollfreak« oder »Er ist ein echter Spießer« oder auch «Sie ist eine pedantische Erbsenzählerin«. Wenn Sie aber etwas an Ihrem Planungsverhalten verändern wollen, dürfen Sie die Fähigkeit zur Genauigkeit nicht länger negativ belegen. Ihr Unterbewusstsein hört nämlich mit. Versuchen Sie also, auch das Positive einer präzisen Planung zu sehen.

Vorab Experten fragen: Erkundigen Sie sich nicht erst zwischendrin, was zu tun ist, sondern bevor Sie sich einer Aufgabe widmen. Fragen Sie Menschen aus Ihrem Umfeld, die etwas von der Sache verstehen, wie sie das jeweilige Projekt angehen würden. Die meisten sind durchaus hilfsbereit und geben gerne Auskunft, wenn man sie liebenswürdig darum bittet. Auf diese Weise lernen Sie am Role-Model vorbildliches Planen.

Strategisch spielen: Es muss nicht unbedingt todernst sein. Mit Strategiespielen können Sie auch spielerisch üben, präzise zu planen. Dazu gehören zum Beispiel Schach, das japanische Brettspiel Go und zahlreiche Online-Spiele. Die enthalten keine oder nur sehr geringe Glücks- oder Zufallselemente. Entscheidend ist, dass man überlegt vorgeht. Das strategische Denken, das bei diesen Spielen erforderlich ist und gefördert wird, lässt sich auch auf ernsthafte Planung übertragen.

D DER FLEXIBLE PLANER / DIE FLEXIBLE PLANERIN

Dass Sie nicht eindeutig einer der drei Typen sind, war eigentlich nicht geplant. Aber so kann es bei einem vielseitigen Menschen wie Ihnen kommen. Offenbar wohnen in puncto Planung mindestens zwei Seelen in Ihrer Brust. Welche das sind, verraten Ihnen die Buchstaben, die Sie gleich häufig gewählt haben. Ob sich Ihre unterschiedlichen Methoden als gut oder ungünstig erweisen, hängt von der jeweiligen Situation ab. Faustregel: Seien Sie bei wichtigen Dingen sorgfältig, bei unwichtigen locker.

Über die Autorin

Dr. Eva Wlodarek entwickelte 1980 den ersten Psychotest in Deutschland für die *Brigitte*. Seitdem hat sie hunderte Tests erstellt: für Zeitschriften und online, aber auch für Institutionen wie die Bayerische Staatsoper, den Klimaschutzbund oder die Aktion Mensch. Fürs Fernsehen konzipierte sie im SWR die 16-teilige Test-Serie »Mal ehrlich« und für die ARD die Samstagabend-Show »Der große Partnerschaftstest«. Seit 2015 entwickelt sie Psychotests für *ZEIT WISSEN*.